让 我 们 一 起 追 寻

〔日〕阿部菜穗子 著

张秀梅 译

CHERI INGURAMU:NIHON NO SAKURA WO SUKUTTA IGIRISUJIN
by Naoko Abe
©2016 by Naoko Abe
Originally published in 2016 by Iwanami Shoten, Publishers, Tokyo.
This simplified Chinese edition published 2021
By Social Sciences Academic Press, Beijing
By arrangement with Iwanami Shoten, Publishers, Tokyo

在读了《樱格拉姆》之后,一年一度的赏花活动将再也不会跟以前完全相同了……一个不同寻常的故事。

——理查德·劳埃德·帕里,《泰晤士报》

通过以自己的文化视角重述(英格拉姆的)故事,阿部创作了一部引人入胜的作品,为她所描绘的世界增添了具有启发性的内涵。

——乔迪·琼斯,《园艺画报》

一个令人着迷的故事,讲述了一个英国人面对快速的近代化,为保护日本丰富的樱树遗产而做出的努力。

——《日本时报》

拯救日本樱花的英国人

樱格拉姆

チェリー・イングラム
日本の桜を救ったイギリス人

社会科学文献出版社
SOCIAL SCIENCES ACADEMIC PRESS (CHINA)

チェリー・イングラム
日本の桜を救ったイギリス人

本书获誉

催人共鸣且引人入胜……极具魅力而精细的描写，涉及广泛的自然和历史知识，保证你不会再用原来的方式看待樱花。

——克里斯托弗·哈丁博士，《卫报》

一部感人至深的作品，文笔优美且极具学术价值。

——克莱尔·科达·黑兹尔顿，《旁观者》杂志

通过与日本历史发展进程的对照，记者阿部菜穗子关于其国家标志背后的守护者的描述既催人共鸣，又令人信服……读着这本精美的、有许多充满吸引力的老照片和彩色插图的作品，你很可能会像我一样决定在樱花盛开的时候去一趟日本。

——瓦妮莎·贝里奇，《星期日快报》

一本迷人的书……两种矛盾使这本书充满张力：把脆弱的接穗寄往世界各地并成功嫁接它们的困难，以及令人痛苦的历史背景……在读完阿部女士的书后，很难再以这种温柔愉悦的心情来看待"染井吉野"这种樱花了。

——《经济学人》

一本引人入胜的传记，描写了一个"帮助改变了春天面貌"的人。

——伊恩·克里奇利，《星期日泰晤士报》

一部引人入胜的作品……阿部菜穗子的这部传记以关于樱花的全方位历史叙述为主线，并与日本历史的主要节点交汇……作者的写作技巧娴熟，知识渊博，让故事有一个温馨的结局。

——塔妮娅·康普顿，《乡村生活》

《樱格拉姆》是一本极为严谨的书：阿部对"樱花守护人"的亲属进行了数十次采访……并从英格拉姆的海量日记中进行了筛选，浓缩了日本人常常无法正视的封建社会和帝国主义时代的那段历史。

——爱丽丝·文森特，《每日电讯报》

目 录

前 言 / 1

第一章 初遇樱花 / 1
体弱多病的童年 / 2
走上鸟类研究者之路 / 4
珍珠之国 / 10
在日本的新婚旅行 / 17
转机 / 21
"日本主义"与日本樱花 / 27
修建樱园 / 32
以研究樱花为毕生的事业 / 36

第二章 赴日"寻樱之旅"——日本樱花面临危机 / 42
第三次访日 / 42

樱格拉姆

　　幻灭　/　44

　　在古都的"发现"　/　51

　　吉野山，东京，船津先生　/　58

　　将野生的樱花镌刻于心　/　62

　　发现新品种　/　65

　　樱之会　/　70

　　英格拉姆的警告　/　75

第三章　"樱格拉姆"的诞生　/　79

　　接穗从日本寄到　/　79

　　开发新品种　/　85

　　博耐顿的樱园　/　90

　　推广樱花　/　96

　　清纯的樱花，淫靡的樱花　/　103

　　"太白"的伟业　/　107

　　因"太白"而结下的缘分　/　116

　　逼近樱园的军靴声　/　119

第四章　"本家"日本的樱花　/　124

　　樱花的历史：从古代至江户时代　/　125

　　"染井吉野"登场与明治维新　/　133

　　彻底改变的风景　/　136

　　得到拯救的里樱　/　139

目 录

  樱之会对"染井吉野"的批判 / 146
  太平洋战争与"樱花意识形态" / 149
  消失在战火中的樱花 / 152

第五章　在英国幸存下来的樱花 / 158
  不列颠之战 / 158
  战争时期的博耐顿 / 161
  幸存下来的樱园 / 166
  和平景象的背后 / 170
  "黑色圣诞节" / 173
  达夫妮所见 / 178

第六章　樱花带来的奇迹 / 188
  "樱花守护人"舍生忘死的努力 / 188
  "染井吉野"的栽植泡沫 / 193
  英国的"樱花热" / 196
  英格拉姆的樱花进入王室园林 / 202
  晚年的英格拉姆 / 206
  安然离世 / 210
  后来的格兰奇 / 213
  赎罪的樱花 / 216
  新一代樱花 / 223

樱格拉姆

尾　声　／　226

后　记　／　232

注　释　／　235

参考文献　／　242

相关年表　／　247

前　言

在英国种植着许多樱花，它们在春寒料峭的早春，在住宅区和公园里，在其他的花木之前先行一步绽放，告知人们北国漫长阴郁的冬天已经结束的消息。英国19世纪的诗人阿尔弗雷德·豪斯曼（Alfred Edward Housman）[1]在1879年写下了这样一首诗：

> 树木种类万千，而樱花最美
> 此刻林间小道上，樱树繁花盛开，枝叶亭亭如盖
> 仿佛是为了这复活节[2]，穿上了白色鲜花的衣裳[3]
> 　　　　　　　　　　　（《最美的树》）

---

[1] 阿尔弗雷德·豪斯曼（1859—1936），英国诗人，擅长以朴实的文字表达禁欲主义的人生观，著有诗集《什洛普郡一少年》和《最后的诗集》等。（本书所有脚注均为译者注，后文不再另做说明。）
[2] 基督教节日，纪念耶稣基督复活，一般为每年春分月圆后的第一个星期日。
[3] 国内已公开出版的译文为：樱花正值最美时，树披盛妆繁花满枝，为复活节期穿白衫，林间路旁全排满（https：//www.lizhi.fm/1207995/2574119648377431046）。

樱格拉姆

豪斯曼诗中所咏的这种樱花应当是英国固有的果树品种"欧洲甜樱桃"。但到了20世纪，英国的樱树迎来了一个巨大的转换期，大量用于观赏的"日本樱花"从远东的日本输入英国。

这些生于日本的樱花在英国却营造出与故乡迥然不同的风景。对于在1950年代的日本出生长大的我而言，樱花风景便是许多"染井吉野"一起盛开、将整个城市染成浅粉色，然后又在短短一周左右之后一起凋落、花瓣漫天飞舞的景象。

然而在英国，却有各式各样、种类繁多的樱花在复活节前后次第开放，花色有白、粉红、鲜红等，各不相同，花期也略有差异，因此樱花花季很长，从3月末一直持续到5月中旬。在这片庆祝复活节的土地上，樱花开放的景象使人觉得仿佛是人们沉睡了整个寒冬的魂魄化作五彩缤纷的樱花花瓣苏醒了过来，四处闪耀着生命的力量一样。英国樱花的特点用一个词来概括，便是"多样化"。

2013年春天，我得到一个机会撰写一篇关于英国樱花的报道，在为此采访相关园艺工作者的过程中，我得知20世纪初有一位名为科林伍德·英格拉姆（Collingwood Ingram，1880—1981）的英国园艺家，曾满腔热情地将日本樱花引进英国。

据说他三度访日，将樱花的接穗（通过嫁接的方式繁殖树木时，用来接在砧木上的枝条）带回英国，在位于英国东南部肯特郡的自家庭院中进行培育，并把当时尚不为英国人熟悉的日本樱花推广到英国各地。一位园林界人士断言，"英国的日本樱花全凭英格拉姆一人之力才得到如此普及"，他还说英格拉姆最重视的便是樱花的多样性。

众多旅英日本人见惯了祖国那种清一色的染井吉野的景象，对于英国丰富多彩的樱花风景甚至感到迷惑，私下里会互相谈论："莫非英国的樱花和日本的种类不同？"

对于打造出这一"多样化的樱花风景"的英格拉姆，我产生了强烈的兴趣，于是从 2014 年夏天开始正式对他的生平、为人和功绩进行了调查采访，前往他曾经居住的肯特郡博耐顿地区，面对面地听那些在他生前与之有过接触的人谈论他。英格拉姆生在一个十分富裕的家庭，是一位在博耐顿拥有豪宅的绅士，但由于他花园中的"樱园"在当地十分有名，所以他也被当地居民亲昵地称作"樱格拉姆"①。

---

① 原文为 Cherrg Ingram，Cherry 即英语中的樱花，又音译为"切里·英格拉姆"。

樱格拉姆

　　此外，我还去采访了英格拉姆的孙辈们，他们现在都已六七十岁，分别住在英国各地。英格拉姆的小女儿塞尔西娅（Certhia）①的长女薇莉安（Veryan）和她的丈夫欧内斯特·波拉德（Ernest Pollard）住在英国东南部东苏塞克斯郡的拉伊（Rye）镇，他们家中集中保管着英格拉姆留下的大量日记和园艺资料。2014年8月我前去拜访时，二人向我展示并提供了所有这些资料。除英格拉姆未公开的1926年"寻樱之旅"等访日期间的日记和照片之外，还有博耐顿的樱花写生、为园艺杂志等撰写的大量文章等。

　　随着我对这些资料的深入阅读和不断采访，一个热爱樱花、怀着满腔热情培育日本樱花并将其推广到英国各地的英格拉姆形象浮现在我的眼前。再把目光转向当时的日本，便也看清了明治维新之后许多品种的樱花因被近代化浪潮吞噬而逐渐消亡的过程，以及染井吉野作为"新生日本"的象征大量繁殖并被种植到全国各地的过程。英格拉姆就是在这样一个时期前往日本并将正在渐渐消亡的宝贵的樱花带回英国"保存"下来的，这真是一个令人震惊的事实。

　　另外，再将视线转向英国，会发现英格拉姆所走过的

---

　　① 意为"旋木雀"。

前　言

100 年零 6 个月的漫长人生正是这个国家近现代历史的如实写照。从 19 世纪末大英帝国的鼎盛时期，到 20 世纪经过两次世界大战之后帝国轰然倒塌，再到战后建立的工党政权在全国广泛实施社会民主主义政策，日本的樱花远渡英国，经历了英日两国剧烈变化的时代并顽强地生存了下来。

接下来我将追踪英格拉姆的人生与足迹，为大家讲述见证了两国历史的樱花的故事。

第一章　初遇樱花

"啊——，好无聊！真不想学习了，快点去看那个鸟巢！"

年少的科林伍德眼睛盯着反复为他讲解英语语法规则的家庭教师的脸，脑中所想的却全都是昨天在沼泽地发现的那个鸟巢。

家庭教师每天早上来到他家，花一整个上午为他讲授英语、算术、地理等，可是比起学习这些枯燥无味的课程，科林伍德对到海边和沼泽地去观察那些活生生的鸟儿要感兴趣得多。尤其是这天，他满心想的都是前一天发现的鸟巢中的鸟蛋是否已经孵出了小鸟，几乎急不可待地想去看一看。

终于等到下课，科林伍德一把抓起母亲玛丽（1851—1925）为他做的午餐三明治，拿着双筒望远镜和写生簿就飞奔出了家门。到了沼泽地一看，巢中果然已孵出了4只小鸟，正张着可爱的小嘴朝着天空使劲儿地叫个不停。为了不惊动正在专心喂食的鸟妈妈，科林伍德在稍稍离开一点的地方悄悄坐下，一边用双筒望远镜观察，一边在写生簿上仔细画下幼鸟的样子。

体弱多病的童年

1891年，英国肯特郡。11岁的科林伍德·英格拉姆和母亲玛丽住在位于肯特郡最东端一个名叫"海上西门"（Westgate-On-Sea，以下简称"西门"）的海边小镇的别墅里。他的两个哥哥很早就住进了全寄宿制的学校，不在家中。父亲威廉（1847—1924）经营着一家报社，同时还是国会议员，工作十分繁忙，平时都住在伦敦的家中，周末才会过来。

父亲威廉所经营的报纸是一份名为《伦敦新闻画报》（The Illustrated London News）的周刊，每周日发行，由威廉的父亲赫伯特·英格拉姆（1811—1860）于1842年创刊。赫伯特原是英国中东部林肯郡一家肉店老板的儿子，但极富创业精神，创办了世界上第一份带有大量插图的"画报"并大获成功，其发行量最高时曾达30万份。赫伯特白手起家，一跃成为富豪，还被推选为林肯郡波士顿的国会议员。

第一章　初遇樱花

　　威廉的父亲在49岁时因意外的轮船事故去世,之后威廉便接管了报社的经营工作,并继承了其国会议员的职位。

　　时值维多利亚女王(1837～1901年在位)统治下的19世纪后半期,大英帝国统治着七片海域,殖民地遍布全世界,极尽奢侈繁华。这一时期,国内涌现出许多因经商成功而获得巨大财富和社会地位的企业家。在传统的阶级制度根深蒂固的英国,英格拉姆一家也因赫伯特创业成功而成为有钱人,属于从劳动者阶级一跃进入上层的新兴富裕阶层。

　　科林伍德便是在这样一种家庭环境下,作为威廉与其澳大利亚籍妻子玛丽的第三个儿子,也是最小的孩子,于1880年10月30日出生在伦敦。婴儿时期的科林伍德身体十分虚弱,连牛奶都消化不了,是喝专给多病的婴儿喝的驴奶长大的。当时的英国人认为驴奶中脂肪和蛋白质含量较少而乳糖丰富,最适合敏感体质的婴儿饮用。

　　科林伍德幼时曾多次罹患呼吸道疾病,甚至不能随意外出玩耍。当时伦敦有流行肺结核的兆头,英格拉姆一家担心体弱多病的儿子染病,便决定将生活场所转移到在空气清新的西门购置的别墅。

　　西门是泰晤士河口东端与北海交汇处附近的一座海边

小镇，位于伦敦以东约 120 公里处，原本是个小小的村落，因为沙滩很美而在 19 世纪中叶铺上了铁路，成为一处深受伦敦等大城市的富人阶层喜爱的疗养胜地并得到开发。

这片风光明媚的土地对于体弱多病的科林伍德来说是个绝好的成长地，他的大哥赫伯特（1875—1958）和二哥布鲁斯（1877—1963）都毕业于著名的贵族寄宿制学校温彻斯特公学（Winchester College）并随后升入牛津大学，他却自始至终没进过学校，只是在家中跟着家庭教师学习，也未曾接受大学教育。

走上鸟类研究者之路

西门的自然环境为年少的科林伍德提供了一个绝好的关于大自然的学习场所。这个小镇所在的地区现今仍被称作"萨尼特岛"（Isle of Thanet），这是因为该地曾是一个小岛，与肯特郡之间隔着一条小小的海峡。海峡渐渐变窄，到了 19 世纪初叶，小岛已与肯特郡连为一体，以前曾是海水的地方变成了沼泽和湿地，不仅有许多候鸟栖息于此，植物种类也很丰富。在这里的生活经历为他后来成为一名鸟类和植物研究者打下了基础。

每天上午家庭教师的课一结束，科林伍德便跑去海边

第一章 初遇樱花

和沼泽地探险,发现新的鸟窝是他最大的快乐。他家附近有一片占地达 730 公顷的森林公园,名为"奎克斯公园"(Quex Park),是当地富豪鲍威尔-科顿(Powell-Cotton)家族在 19 世纪造林修建的,有丰富多样的鸟类栖息于此。科林伍德有时也会走得远一点,来到这里倾听树莺和斑鸫的鸣叫,观察它们的生态,沉浸在写生中而忘记了时间。

年少的科林伍德有位"恩师",那便是鸟类和昆虫学家约翰·詹纳·韦尔(John Jenner Weir, 1822—1894)。韦尔是一名业余研究者,但他与 1859 年发表《物种起源》、提出自然选择和进化论的查尔斯·达尔文(Charles Darwin, 1809—1882)以及与达尔文同时提出自然选择理论的阿尔弗雷德·拉塞尔·华莱士(Alfred Russel Wallace, 1823—1913)都是好友,由于为二人提供宝贵的昆虫和植物标本而知名。

韦尔因为哥哥在科林伍德的父亲威廉经营的报社工作而与他们一家有交往。他看出科林伍德对鸟类的兴趣与好奇心,便鼓励他,还借给他各种资料和书籍。科林伍德在晚年自费出版的书[1]中回忆道:"对于他的鼓励,我毕生心怀感激。"

就这样,科林伍德在少年时代便已具备了只听鸟叫声便能识别其所属种类的知识和经验,15 岁时创作了他的第一本书——手绘插图本《英国的鸟》。

樱格拉姆

他的家庭氛围很独特，父母都喜欢鸟和其他动物。父亲威廉热心于鸟类保护，在别墅中造了一间很大的鸟舍，其中饲养着乌鸫（一种类似斑鸫的鸟）、麻雀、达乌尔寒鸦（Daurian Jackdaw）等。母亲玛丽则说"把它们关在笼子里太可怜了"，常常趁丈夫不在的时候把鸟放到屋子里，在餐桌上给它们喂食，或者让它们在自己睡袍的袖子里睡觉。玛丽还非常喜欢狗，特别是日本品种的宠物狗"日本狆"[①]，曾同时养过35条。

"这家简直像个动物园一样！"——看到与这么多鸟和狗生活在一起的英格拉姆一家，镇上的人会私下里这样议论道。他们一家在当地作为一个"有点另类的有钱人家"而著名，但由于威廉为镇上进行了大量投资，经营着宾馆、大楼和公共会堂[②]等，具有巨大的影响力，所以镇上的人都对他们一家另眼看待，十分尊敬。

科林伍德绘画也很拿手。他的才能得到当时极受欢迎的专业插图画家、曾在他父亲的《伦敦新闻画报》报社工作的路易斯·韦恩（Louis Wain）的认可，并在韦恩的指导和鼓励下练就了写生的好本领。日后他作为日本樱花学家留下了大量的樱花写生作品，其基础便是在

[①] 日本狮子犬。
[②] 如市民会馆等。

第一章 初遇樱花

这时打下的。

另外，英格拉姆家在伦敦的住宅位于市中心的南肯辛顿（South Kensington）地区①，正好在1881年4月建成并开放的自然历史博物馆的正对面。

当时，大英帝国源源不断地向全世界派出探险队，从18世纪詹姆斯·库克（James Cook）所进行的三次环球航行开始，到19世纪进入黄金时代，又有戴维·利文斯通（David Livingstone）的非洲探险、詹姆斯·克拉克·罗斯（James Clark Ross）的北极和南极探险等。此外，达尔文曾乘坐英国海军的测量船"贝格尔号"（H. M. S. Beagle）②周游了南半球的南美、南非、新西兰等地，华莱士也曾前往亚马孙河和马来群岛进行调查。

这些探险队以大英帝国雄厚的经济实力和凌驾于全世界的海军军力为后盾，不仅对世界的地理、地质、自然形态进行了调查，还搜集了大量当地的鸟类及其他动植物标本带回英国。通过这些调查和研究，地理学、地质学、动物学、昆虫学、植物学等各种博物学学科得到发展，达尔文的《物种起源》若没有大英帝国的繁荣也是不可能写就的。

---

① 伦敦著名的富人区。
② 意为"小猎犬号"。

樱格拉姆

在植物方面,库克船长首次进行南太平洋航行(1768~1771年)时,同行的植物学家约瑟夫·班克斯(Joseph Banks,1743—1820)在途中采集了大量植物带回英国,"采集植物"(plant hunting)的传统由此诞生。班克斯回到英国后一跃成为时代的宠儿,作为国王乔治三世(维多利亚女王的祖父)的顾问就任于伦敦郊外(现伦敦西南部)的皇家植物园邱园(Kew Gardens),向世界各地派出"植物猎人"(plant hunter),搜集珍稀植物并将其种植于邱园内。

另外,众多探险队所采集的鸟类和其他动物的标本与剥制标本(stuffed animal)[①]被保存在自然历史博物馆中并进行展示。科林伍德去伦敦看望父亲、住在那边的家中时,每天都搬着小椅子到博物馆去,坐在鸟类展示厅里连续好几个小时全神贯注地进行鸟类写生。

> 希望有一天,我也能在广阔的地球上探险,研究全世界的鸟类。

在自然历史博物馆度过的时光不仅满足了没能去学校

[①] 将动物外皮剥开,除去内脏和肌肉,塞入棉花等,进行防腐处理后,再将外皮缝好。剥制标本主要用于哺乳类和鸟类的研究、科普及观赏。

第一章　初遇樱花

读书的年少的科林伍德对自然界无尽的好奇心，还促使他将目光投向海外，激发了他的冒险心和野心。

在自然历史博物馆，他还结识了当时最主要的一些鸟类研究者，并在日后凭借这些人际关系成为"英国鸟类研究者俱乐部"的会员。科林伍德·英格拉姆在人际关系和助力方面从未遭遇任何困难，顺利地走上了成为一名鸟类研究者的道路。

他的父亲威廉因出色的报社经营能力和作为国会议员的工作业绩得到认可，于1893年由维多利亚女王授予准男爵（baronet）①的称号，作为家中的顶梁柱，正是年富力强、干劲十足的时期。1897年，他在法国南部的里维埃拉（Riviera）海岸②购置了一幢新别墅，此外还买下了西印度群岛英属多巴哥岛（Tobago）附近海域上的一个无人岛——小多巴哥岛（Little Tobago），把据认为已处于灭绝危机的极乐鸟从新几内亚移送到该岛，建立起一个保护区。

科林伍德长大后身体变得十分健康。借助父亲的这些财产，他从十五六岁起直至30岁，多次前往法国南部和

---

① 英国爵位的最低一级，称号世袭。最先由英王詹姆士一世于1611年设立，用于筹集资金。
② 又称蓝色海岸（Côte d'Azur），被认为是最奢华和最富有的地区之一，世界上众多富人、名人汇集于此。

樱格拉姆

多巴哥岛进行鸟类观察。这些调查日后化作《西印度群岛的极乐鸟》《法国的湿地地区与褐头山雀》等论文,发表在关于鸟类的杂志上。

得益于祖父和父亲积累下的财富,科林伍德终其一生都无须为生计奔波,而得以实现自己少年时代走向世界的梦想并追求自己的爱好。[2]

珍珠之国

1902年9月5日,21岁的青年英格拉姆乘坐的船只抵达长崎港。这一年,他为观察鸟类和拜访母家的亲戚在澳大利亚度过了数月,在返回英国的途中,先前往日本并在那里逗留了两个多星期。

这次旅行是在英格拉姆本人的强烈要求下得以实现的。他提出不直接返回英国,而务必经过日本一趟,于是在8月12日从澳大利亚东北岸的敦斯维尔(Townsville)搭上了日本邮船株式会社的"熊野丸"。

当时在欧洲,以法国巴黎为中心兴起了一股"日本主义"(Japanism)热潮,日本的浮世绘和陶艺品等大受欢迎,还出现了一些狂热的收藏家。

这个东洋的岛国在19世纪中叶终于结束了长期的锁国政策,开始向世界展露它的真容。国门一被打开,西洋

第一章　初遇樱花

人便发现这个国家有着独特的传统及艺术文化，而且动植物种类极其丰富，像珍珠一般闪耀着璀璨的光芒，令他们惊讶得目瞪口呆。

这股"日本热"也传到了英国。在英格拉姆家，长子赫伯特成了日本陶器和漆器的热心收藏家。在这样一种环境下，英格拉姆也对日本产生了兴趣，想趁着去澳大利亚的机会到日本看一下。

在英国，维多利亚女王于1901年1月去世，她的儿子爱德华七世（1901～1910年在位）开始统治。长达63年的维多利亚王朝建立起一个坚如磐石的庞大帝国，这样的英国在新的世纪即将迎来惊涛骇浪。

恰好在英格拉姆即将造访日本的1902年1月，英国为防备俄国和德国等意图向远东扩张的新势力的发展，主动接近日本，与日本缔结了英日同盟。在这样一种良好的两国关系下，即将初次访问日本的年轻的英格拉姆欢欣雀跃。

英格拉姆乘坐的"熊野丸"是一艘前一年秋天刚刚投入澳大利亚航线运营的客轮。日本邮船株式会社向当时独霸全世界航线的欧美海运公司发起挑战，一点一点地争取到一些航线，澳大利亚航线也是在激烈的竞争之后获得的。所以英格拉姆是这条新航线和这艘新客轮最早的乘客之一。

樱格拉姆

　　日本在明治维新后为建设现代国家而迅猛推进欧化政策，并在第一次真正意义上的侵略战争——甲午中日战争（1894～1895年）——中获得胜利。经历了这些以后，1902年的日本已多少建立起一些自信，但近代化的大潮仍局限于东京等大城市，还未波及地方城市。

　　这次旅行对于英格拉姆而言，是一次与其他乘客集体行动的轻松愉快的观光之旅，不过他在短短数日内贪心地游览了长崎、神户、箱根、京都、横滨、东京等许多地方。看着身着和服、生气勃勃地劳作着的人们，还有被浓浓绿意包围着的美丽的乡村景色，他被深深地迷住了。

　　　我从不曾见过人与自然在如此高的程度上达到艺术性和谐统一的国度。

　　在这次旅行所留下的日记中，英格拉姆这样感叹道。让我们根据当时的日记再现一下他在日本逗留期间的部分情景吧。

　　9月5日在长崎港上岸。城市包裹在一团带着湿气的、有些闷热的空气中，带着夏日余韵的强烈阳光明晃晃地照着。

　　英格拉姆与其他几名英国及印度乘客一道，乘着人力

第一章 初遇樱花

车在多丘陵的长崎街道上时而上坡、时而下坡,他们要去参观神社。从人力车上看到的那些手执阳伞、身着和服的日本女子的装束和动作特别吸引他。这些女子全都面带笑容、有点好奇地回头看着这群洋人。

> 日本女性实在充满魅力。头发盘成美丽的发髻,身上艳丽的和服与腰带的颜色搭配十分协调,简直像画儿一样。女子们低低谈笑的声音让人联想到水面上跳跃不绝的水花。她们就像熊熊燃烧的山峰一样快活又明朗。
>
> (摘自英格拉姆日记,下同)

英格拉姆身高175.3厘米,是一位有着蓝眼睛和淡栗色头发的年轻英国绅士,他一下人力车,就有几名女子走了过来。令他吃惊的是,其中一人一边用日语说着什么一边轻轻拍了他的后背一下。

> 她们毫不忸怩地走过来讨我欢喜,日本女性似乎把取悦人当作无上的乐事。而后她们又急匆匆地迈动穿着草鞋的双脚,摇着头走开了。

樱格拉姆

　　后来英格拉姆又在日光①看到一个身穿浅蓝色罩衣和紧腿裤、头裹白毛巾的年轻女子。他在日记中写道:"乡间女子没有城市女子那样的风情,但是优雅迷人。"

　　在长崎,英格拉姆在无比繁茂、绿意葱茏的众多树木中注意到了樱树。

　　从樱树间传来喧闹的蝉鸣,简直像竞卖青蛙的人在拍卖市场上扯着嗓子重复单调的叫卖声。不过在樱树间竞卖岂不是很愉快吗?竞卖声从清早直到夜幕降临,一整天都持续着。

　　在箱根的山中,他也看到了樱花。

　　空气中充满湿意,景色被青翠欲滴的绿色包围。樱树、枫树、松树、榆树郁郁葱葱,枝叶交错,形成一片片树林。半山腰上有几处瀑布倾泻而下,湍急的水流送来带着苔藓和泥土气息的凉风。

　　苔藓、泥土和树木的气息,这正是自然主义者(naturalist)英格拉姆在日本最爱的东西。日记中关于东

---

① 日本栃木县西北部的城市。

第一章　初遇樱花

京仅仅记了一句："受西方影响很大，无趣。"让他深深着迷的，是那些未受近代化影响的、日本独具特色的、传统的人物形象和自然景象。

在京都，他还体验了惊险刺激的保津川漂流并在日记中这样写道：

> 河水清澈，是一种透明的绿色，在暑热中使人感到一种爽快的凉意。小船溅着水花，在恍若丛林般浓绿的景色中前行，不时从峭立的悬崖下穿过，景色美得让人忘记呼吸。鹈鸪、鹈鸟和白鹭飞来飞去，冷杉笔直地向天空伸展着身躯。

在京都，他还欣赏了歌舞伎。当天上演的是一个儿子因为身为武士的父亲被敌人斩首而伤心自杀的"简单的故事"，所以英格拉姆对其内容并不很关注，倒是对剧场的内部结构和观众的情况更感兴趣。

> 场内没有椅子，观众直接坐在斜坡式的地板上，像日本女儿节时摆放人偶的祭坛那样，呈阶梯状，一级一级逐次向上。因为我们的到来，有几个人为我们腾出地方并准备好椅子，没有丝毫怨言。由于天气很热，整个演出过程中人们全都在一刻不停地扇扇子。

樱格拉姆

数百只扇子呼啦呼啦上下翻飞的情景，让我想起英国庄稼地里谷穗如波浪般随风起伏的景象。

在访问东京时，英格拉姆离开同行的伙伴，一个人去参观江之岛。他走在近 2 公里长的海岸上，正津津有味地观看渔民在海边卖鱼的情景时，一位上了年纪的光头僧人笑眯眯地向他走过来。

僧人沿着海边崎岖不平的石头路没完没了地走着，把我带到一个洞穴。他丝毫不在意我完全不懂日语，频频用日语跟我搭话，我没办法，只好一边觉得"真傻"，一边为了回应他而向他点头，于是僧人十分高兴地看了看我。

9 月 20 日，英格拉姆结束在日本的旅行，再次成为船上的乘客。即将告别日本美丽的风景，以及爽朗热情的人们，英格拉姆感觉到一丝感伤。

在日本的旅行精彩而充满魅惑，我唯一能做的就是如痴如醉地看着每时每刻都在变幻和掠过的风景。虽然只是短短两周的观光，却在我心中留下了比其他任何国家都多得多的、鲜明而强烈的记忆。

并且，关于日本的自然，他还写下了这样的感想：

（在西方）人类在建造城市时会破坏自然、损坏自然景观；但在日本，即使在人们加以改造之后，自然也只会变得更加美丽夺目，这实在令人惊异。

走上甲板，凝望着渐渐远去、越来越小的日本，英格拉姆看到了富士山。在陆地消失不见之后，唯有富士山的山顶依然出现在海面上。此刻的英格拉姆变成了一位诗人：

晚霞映照的天空下，富士山始终耸立在海面上，在波间投下身影，看上去如同浩瀚洋面上唯一的标志，在天际茕茕独立。除此之外，璀璨的橙色海洋一般的天空中，便只浮着几朵镶着金边的云彩。

在日本的新婚旅行

1906年10月，在即将迎来26岁生日之际，英格拉姆与小他一岁的弗洛伦丝·莫德·莱恩（Florence Maude Laing，1881—1979）成婚。弗洛伦丝出身于苏格兰一个

樱格拉姆

富庶的家庭，祖父是国会议员，父亲是一位在19世纪末通过创办证券公司而获得成功的商人。二人结婚后在西门置办了新居。

英格拉姆对四年前游览的日本难以忘怀，一直寻找机会再去日本一次并兼做鸟类调查。

"新婚旅行去日本吧！"

"啊？日本？"

大家闺秀出身的弗洛伦丝对新婚丈夫提出的这个出人意料的建议感到很惊讶，但是拗不过他的热切，便同意了。当时极少有新婚夫妇选择长途航行一个多月才能到达的日本作为蜜月旅行地。

二人在婚礼五个月后的1907年3月乘上了开往日本的航船。可是在这次航程中，弗洛伦丝晕船十分严重，吃尽了苦头，因此他们回来的时候舍弃了海路而改走西伯利亚铁路。

而且，虽说此次日本之旅是新婚旅行，但日程都是以英格拉姆的鸟类调查为中心安排的。两人于4月20日抵达长崎港后，为拿到日本政府的捕鸟许可证直接去了东京。但事情迟迟没有进展，在著名的寄生虫、鸟类和鱼类专家——东京帝国大学理学部[①]教授饭岛魁（1861—

[①] 研究、教授自然科学的学部。

第一章 初遇樱花

1921）以及英国大使馆的美言之下，他们才终于在三个星期后拿到了许可证。这之后，他们前往京都和日光旅行，英格拉姆在所到之处都进行了鸟类调查。

时值明治四十年，日本在两年前的日俄战争（1904～1905年）中战胜了强大的俄国，国民正充满干劲。

5月14日，英格拉姆从东京出发，前往富士山麓的山林地带进行封闭调查。接下来的三个星期，他以静冈县的须走村（位于现骏东郡小山町，为富士山登山口之一）为据点，在周围的山里寻找野鸟的巢。在丈夫忙于调查的这段时间里，他的新婚妻子弗洛伦丝都在哪里、做了些什么呢？

这个问题永远没有答案，因为弗洛伦丝在那之后从未向家人谈起过日本之旅，英格拉姆也没留下关于此次旅行的日记。

外公总是随心所欲，按自己的喜好行动，外婆从一开始就只能配合他。

英格拉姆的外孙女薇莉安·波拉德（Veryan Pollard，74岁）和孙女希瑟·鲍耶（Heather Bowyer，67岁）在2014～2015年接受我采访时都这样说道。

在长达73年的婚姻生活中，夫妇二人共拥有3个儿

樱格拉姆

子和1个女儿、12个孙辈及24个曾孙辈,但英格拉姆起初是埋头于鸟类研究,后来又醉心于樱花研究,动辄去海外做长时间的调查,并不曾顾及家庭生活。他一旦埋头于一件事情,便会忘记一切、全情投入,不是那种很会为别人着想的性格。思想传统的妻子弗洛伦丝默默地接受了这一切,从未向丈夫提出抗议。在日本的"新婚旅行"似乎便已预示了夫妻二人此后的生活模式。

此时,英格拉姆在调查日本的野鸟方面做出了很好的成绩。在当时一位住在横滨的英国动物商人艾伦·奥斯顿(Alan Owston)的帮助下,他雇了一名在搜寻野鸟方面有着丰富经验的日本助手进行大范围搜寻,找到了很多鸟巢。他对斑鸫、栗耳短脚鹎[1]、绣眼等多达74种野鸟的生殖形态、筑巢及育雏方法、卵的形状等进行了调查。回到英国后,英格拉姆将在日本调查野鸟的结果写成论文,于1908年发表在权威的英国鸟类学会(British Ornithologists' Union)主办的杂志 *Ibis*(意为"朱鹮")上。这篇论文,加上他在访日期间结识的日本鸟类学界人士所构成的人际关系,为他日后(1959年3月)当选"日本鸟学会"名誉会员打下了基础。

---

[1] 学名 Hypsipetes amaurotis。

第一章　初遇樱花

  为纪念阁下对日本鸟类学所做出的贡献，兹决定授予阁下日本鸟学会名誉会员之称号。

  这封寄到他肯特郡家中的、有时任会长黑田长礼侯爵（1889—1978）署名的英文信件，英格拉姆毕生都珍藏着。

转机

  一直到第一次世界大战结束，英格拉姆都是一名鸟类研究者。第一次世界大战中，36岁的英格拉姆被英国陆军航空队（英国空军的前身）授予上尉军衔，并作为飞机的罗盘调节技师被派往法国北部。这期间他在繁忙的公务之余，只要一有闲暇，仍会到森林和沼泽地去做鸟类和风景的写生。[3]

  英格拉姆在第一次世界大战之后被大家称作"英格拉姆上尉"。当然，在他研究樱花成名之后，更多的人便亲昵地称他为"樱格拉姆"了。

  战争结束回国之后，英格拉姆的心境发生了变化。

  第一次世界大战对于英国来说是一次空前的大事件，对整个大英帝国都造成了巨大冲击。英国虽说是战胜国，但据称在大战中死亡的人数多达90万，1914年年龄在50

樱格拉姆

岁以下的贵族男子的战死率高达 20%。[4] 并且由于战争费用数额巨大，英国战后经济凋敝，从美国借入高达 42 亿美元的巨款才总算打完这场战争。由于美国的迅速崛起，国际形势正在发生巨大的变化。

似乎是因为经历了这场足以改变人生观的战争，英格拉姆在战后的想法为之一变，想要做些新的研究了。

而且他已经感觉到，在鸟类研究领域，由于研究人员数量过度增加，自己已经没有什么余地再做有意义的工作了。就在这时，他看到了某研究者的一篇关于大山雀①在 24 小时内排便次数的研究论文。

> 我想：哦！这种东西也能成为研究课题，（鸟类研究）已经不行了，到了把注意力转向自然界其他领域的时候了。

在晚年（93 岁）出版的著作《记忆中的庭院》（*A Garden of Memories*）中，英格拉姆这样回忆道。

转机出现在 1919 年。起因是这年夏天他在肯特郡南部的村庄博耐顿购置了一幢新居，并与家人从西门搬到了此处。他和弗洛伦丝已有了三个儿子和一个女儿，再加上

---

① great tit，俗称"白脸山雀"。

第一章 初遇樱花

住家保姆和女佣，他们已经是个大家庭了，因此英格拉姆决定迁居到一个新的地方。

博耐顿位于伦敦东南方约 85 公里处，以前不过是个有着大片牧草地和农田的偏远而贫穷的村庄，但随着 19 世纪英国国内铁路交通的发展，肯特郡也铺上了铁路。村庄附近建起车站后，博耐顿便也像西门一样受到了关注，伦敦很多有权势的政治家和资本家将别墅修建在这里。

19 世纪中叶，保守党政治家、后成为印度事务国务大臣的第一代克兰布鲁克伯爵（Earl of Cranbrook，1814—1906）将博耐顿之前的庄园领主的宅邸和广阔领地都买了下来，作为别邸并移居于此。伯爵祖上在因产业革命发展起来的北部约克夏郡通过钢铁产业发家致富，当时他已在伦敦的海德公园（Hyde Park）一带购置了宅邸，正在离伦敦不太远的环境优美处物色一幢别墅。

克兰布鲁克伯爵为博耐顿提供了巨额资金来重建和完善村子里的教堂和学校，还把领地租借给当地农民作为农田耕种，村庄共同体逐渐形成。村子里的产业全部是农业：畜牧，小麦和燕麦等谷物栽培，啤酒花（hop，使啤酒产生特有苦味的原料）制造等。

在维多利亚时代，这样的情况并不罕见，即因经济繁荣而获得财富的富豪成为其别墅所在村庄的经济赞助人，以一种类似于中世纪领主的身份管辖村民。英格拉姆的父

樱格拉姆

亲威廉在西门也起到了同样的作用。

20世纪伯爵去世后,克兰布鲁克家族搬回约克夏郡,取而代之的是大众报纸《每日镜报》(*Daily Mirror*)和《每日邮报》(*Daily Mail*)的创办人之一罗瑟米尔子爵(Viscount Rothermere,1868—1940)。他买下了伯爵的资产,搬到村里。但仅仅十几个年头之后,子爵便因两个儿子在第一次世界大战中战死而伤心地决定离开村庄,并将财产都变卖了。

英格拉姆作为新居购入的,便是这位罗瑟米尔子爵的大宅的一部分,一幢名为"格兰奇"(The Grange)的建筑和一片广达4.5公顷的农田。"格兰奇"意为"乡间住宅",是克兰布鲁克伯爵为未婚的小女儿在1891年所建的住宅。

虽说是"乡间住宅",却是一幢有25个房间的大房子,还有马厩和给马夫住的小屋。房子的外观颇为时尚,建筑风格是都铎王朝(1485~1603年)时期广为流行的哥特式,外墙为白色,带有黑色的竖纹,几根红砖烟囱立在屋顶上。

但这幢房子没有花园,房前直接是广阔空旷的农田,甚至连贵族人家花园里常见的遮阴的树木也没有。

　　我要在这里造个自己的花园。

第一章 初遇樱花

英格拉姆想道。此时，房子旁边种着的一棵樱花树不经意间映入他的眼帘。

看来克兰布鲁克伯爵对树木多少有些兴趣，除了房子南面有一棵枝繁叶茂的桉树外，其他地方还种着两棵高大的樱树，都是日本樱花，一棵紧邻房子西面，另一棵矗立在离建筑物稍远一些的院子中央，两棵树的树龄看来都在25年左右。

在那时的英国，能见到日本樱花的机会还非常少，英格拉姆甚至不知道新居的樱花是什么品种。看来克兰布鲁克伯爵是在某处发现了这种从19世纪末才开始逐渐引进英国的日本樱花，并将它买来种在自家院子里的。

这两棵大樱树在英格拉姆一家搬来的时候已经过了花期，但粗大的树干上向四面伸展着的枝条密密层层地覆盖着夏日浓绿的叶片，那种庄重典雅的感觉与格兰奇的建筑物十分协调。从第二年春天起，这两棵樱花树每年都会开满绚烂的樱花。

英格拉姆的家人们说，是这两棵樱树激起了英格拉姆对樱花的热情。

那个时候便是英格拉姆与樱花的"爱情故事"的开始。

樱格拉姆

27　　英格拉姆的外孙女婿欧内斯特·波拉德（76 岁）对我这样说道。

这之后，英格拉姆在花园中栽种培植了 100 多种日本樱花，并于 1948 年出版了关于樱花的著作。在书中"豆樱（富士樱）"这一条目下有这样一段文字：

> 看到这种樱花（豆樱），我便会想起第二次访日时为观察鸟类而深居富士山山麓的那段幸福日子。那时（对英国人来说）没有比日本更遥远、更充满未知的国度了。山脚下村子里古色古香的木建筑房舍、从大敞着的拉门里飘散出来的我所不熟悉的饭菜香味、柴火的气息、在山里听到的杜鹃的叫声，一切都令人怀念。

看着新居的樱树，英格拉姆定然是想起了 12 年前在遥远的日本所看到的风景而沉浸在无限感慨中了吧。

28　　这种心情使得想要在新居中"造个自己的花园"的英格拉姆更进一步，打算"修建一个樱园"。克兰布鲁克伯爵种植的樱花给了英格拉姆一个重要的灵感，对鸟类研究已厌倦透顶的英格拉姆，内心有股雄心壮志不可抑制地涌动起来："日本樱花在英国还几乎不为人知，值得研究的东西不计其数，让我来试试成为研究它的专家！"

第一章　初遇樱花

"日本主义"与日本樱花

在英格拉姆决心成为樱花专家的时候，欧洲恰好处于"日本主义"浪潮之中，日本樱花开始逐渐受到关注。

如前所述，远东国家日本在19世纪中叶打开国门之后，其文化开始渐渐为西方人所知，日本的传统艺术受到以法国巴黎为中心的西方世界的强烈追捧。

这一时期，日本在园艺领域受到的关注也不断高涨。在欧洲，18世纪中期以后，因工业革命而诞生的中产阶级力量日益强大，曾是贵族专属品的园艺开始在新兴的中产阶级间流行，园艺文化迅速发展。然而在当时的英国、法国，以及荷兰等北欧诸国，特别突出的原产植物品种并不多。回溯历史便可发现，这是因为在结束于约一万年前的最后那个冰川期，阿尔卑斯山脉以北的植物区系①受到了毁灭性的破坏。若想获得鲜艳华丽、引人注目的花卉，只能将目光转向海外。

到了19世纪，曾经掩藏在面纱之下的远东国家——中国和日本展露真容。西方国家一发现这两个国家都是"植物大国"、有着无数种西方没有的植物之后，便争先

① 某一地区所有植物种类的总称。

樱格拉姆

恐后地想要引进东方的花卉，以供植物学研究和园艺之用。其中欧洲，特别是英国，还向中国和日本派出了许多植物猎人。百合、杜鹃、打破碗花、紫藤、紫玉兰、金缕梅……植物猎人们在这两个国家有时甚至冒着生命危险采集花卉，无数花卉便漂洋过海传到了西方。在西方国家，随着园艺需求的扩大，花木公司和园艺协会蓬勃发展，从国外进口珍稀植物用于国内销售的流通体系也已建立起来。

在这样一种背景下，日本的樱花以一种略异于其他花卉的步调被介绍到西方。

日本的植物，包括樱花，在 17~18 世纪的锁国时代便已由两名派驻长崎出岛荷兰商馆的医师——德国人恩格尔伯特·坎普福尔（Engelbert Kaempher，1651—1716）和瑞典人卡尔·彼得·通贝里（Carl Peter Thunberg，1743—1828）——一点点地介绍到西方。进而在 19 世纪，又有菲利普·弗朗兹·冯·西博尔德（Philipp Franz von Siebold，1796—1866）对日本的"山樱"[①] 和栽培品种八重樱[②]等进行了报道。

---

① 此处原文为片假名，指日本固有的野生樱花中的一种，需与作为日本野生樱花品种总称的用法区别开来。在本书中，前一种用法加引号予以区分。

② 即重瓣樱花。

第一章 初遇樱花

日本打开国门之后,一个名叫罗伯特·福琼(Robert Fortune, 1812—1880)的苏格兰植物猎人活跃在远东地区,他曾在 1860 年来到日本进行过两年的植物采集活动,并在 1864 年将一个八重樱品种"高砂"引进英国。[7]

但日本樱花真正受到欣赏和关注还需要一些时日。这是因为欧洲原本就有一种名为"欧洲甜樱桃"的果树,人们一说到樱树,指的便是这种会结果实的樱桃树。"不结果子的樱树是没有价值的"——这样一种成见和偏见使日本樱花在德语中被冠以"伪樱"的名称,拉丁语学名也被定为"pseudo-cerasus"(伪樱)。[8]

"日本主义"兴起后,一些受到浮世绘巨大影响的画家,如凡·高、莫奈、图卢兹-劳特累克(Henri de Toulouse-Lautrec)等,开始在他们的画作中描绘富士山和樱花等,"Fuji Mountain""sakura"等词语逐渐为西方人所知。并且从 19 世纪末到 20 世纪初,一些到过日本的西方人所写的介绍日本的书籍相继出版,其中开始有了关于日本樱花之美的描述,这使得西方对于樱花的兴趣迅速高涨。

其中,拉夫卡迪奥·赫恩(Lafcadio Hearn)[①](即小

[①] 爱尔兰裔日本作家,其代表作《怪谈》堪称现代怪谈文学的鼻祖,对日本乃至整个东方的妖怪文学、美学均产生了深远的影响。

樱格拉姆

泉八云,1850—1904)于 1894 年创作的《稀奇日本瞥见记》①中对于樱花的描写,对西方人心目中的樱花形象影响尤为巨大。

> 而我的心却被眼前的景象紧紧地攫住了。那是一小片被一种美得无以言表的东西覆满的樱树林,每一根枝条上都缀满夏日积雨云般雪白的花朵,如云霞般光彩夺目。树下的地面上、我眼前的小路上,都撒落着一层厚厚的、柔软的、散发着芬芳的花瓣,变成了一片雪白。[9]

赫恩所描述的日本不仅对普契尼的歌剧《蝴蝶夫人》产生了影响,也反映在关注日本的作家们的作品中。[10]

到了 20 世纪,在欧洲举办的世博会上出现了日本园林。1900 年的巴黎世博会设置了单独的日本特色展区,展区内除菊花和盆景外,还种有樱树。

1910 年,伦敦举办了大规模的英日博览会。这次博览会的举办据说得益于当时的日本外相小村寿太郎的大力推动。英国从 1902 年起便与日本结为盟国,并在日俄战争中为日本提供了帮助,日本在日俄战争中获得胜利后,

---

① 英文版书名为 *Glimpses of Unfamiliar Japan*,日文版书名为『知られぬ日本の面影』。

第一章 初遇樱花

小村寿太郎踌躇满志,想要"向国际社会展示日本的国力并加强与英国之间的贸易关系",于是着手促成了这场在英国举办的博览会。

博览会除大张旗鼓地展示日本在中国台湾和朝鲜半岛等地的殖民统治情况,还建造了一个占地广达2公顷的日本园林,其中种植了樱树和其他多种日本花卉。花卉多数由日本直接运来,樱树却是从英国国内的花木公司采购的。[11]

此次博览会观众人数总计达到835万人,大获成功,成为"活生生的樱花"进入欧洲人视野的一次好机会。

另外,1912年还发生了这样一件事情:3000多棵日本樱花被运往美国。为感谢美国政府在调停日俄战争中所做的努力①,当时的东京市市长尾崎行雄将其作为日美友好的标志赠予美国,后来这批樱花被种在华盛顿的波托马克河(Potomac River)河畔。在两年之前,已有2000棵樱花被赠予美国,但因出现病虫害而被焚烧处理,因此日本第二次赠送时对苗木进行了慎重的挑选。这些樱花苗后来长成大树,成为世界著名的"波托马克河河畔的樱花"。

---

① 日俄战争末期,俄国由于对马海战的惨败及国内革命的爆发,已无获胜可能。此后美国出面调停,日俄双方在美国朴次茅斯正式举行和谈并签订《朴次茅斯和约》。日俄战争后,日本跨入世界列强的行列。

樱格拉姆

20世纪，日本樱花在英国普及开来的时机正逐渐成熟。

修建樱园

英格拉姆以高涨的热情迅猛推进着修建庭院和搜集樱树的工作。格兰奇的阁楼成了他的书房，转眼间便堆满了关于园艺、植物、园林的书籍和当时所能搜集到的所有与日本樱花有关的资料。当时在英国完全找不到任何关于樱花的资料，只能从日本和美国购入。

在造园上，英格拉姆最重视的一点是"尽可能使之呈现为自然景观"。

> 大自然的风景中绝无左右对称或是笔直的线条。比如：地平线也并非直线，而是弧线；在森林里走一走便会发现，林间道路也是舒缓的弯道。我决定为自己的庭院设置多处转弯。

在其晚年著作《记忆中的庭院》里，英格拉姆如是回忆道。

这一理念与英式园林讲究巧妙融合自然景观的传统相符，而与左右对称、多用直线的几何学式的法式园林

第一章　初遇樱花

形成对比。

于是，英格拉姆计划在格兰奇内修建一个樱园，从大门到房屋之间修建一条有两三个大弯的私家道路，两边种上樱树。

他所设想的景象是这样的：

> 来访的客人在樱花的簇拥下走进格兰奇，沿着道路前行，每转过一个舒缓的弯道，眼前便会呈现一片新的樱花风景。

樱园后方开阔的庭院空间里同样造出蜿蜒小路，除樱花外，再植上各种树木、灌木和花卉。

英格拉姆雇用了一位名叫西德尼·洛克（Sidney Lock）的园艺师，将宅邸内的一间小屋分配给他，让他住进宅内协助自己工作。但设计全是他本人亲力亲为，他还挥着铁锹和锄头辛勤地参与了造园工作。

接下来是搜集樱花。一旦决定实施，英格拉姆的专注程度超乎寻常。他与国内所有经营日本樱花的花木公司一一洽谈，购入了所有能够购得的品种。当时在英国能够获得的品种有"郁金""天之川"[①]"普贤象"等。英格拉

---

① 又名"银河樱"。

樱格拉姆

姆所重视的是"搜集多个品种的樱花"。

他还从一家专营日本植物的商社"横滨植木商会"的伦敦办事处购入了樱树。横滨植木商会因看好海外市场对日本植物的需求而于 1890 年在横滨成立，并积极进军欧美市场，先是在美国的旧金山和纽约设立办事处，后于 1907 年在伦敦也设立了办事处。

横滨植木商会现今仍然存在，名为横滨植木株式会社。该商会从 19 世纪到 20 世纪面向海外发行的英语商品目录现保存于横滨市的横滨开港资料馆。2014 年 12 月，我来到该馆寻找 20 世纪初的商品目录。

在 1905 年版的目录中，关于樱花有这样一段文字：

> 日本樱花在阳光和煦、舒适宜人的 4 月盛开，繁花似锦，优雅烂漫。作为行道树亦颇适宜。

目录中还列出了该商会所经营的品种，如"江户彼岸""有明""大提灯""御车返"等栽培品种。

英格拉姆还设法从美国弄到了樱花。

在引进日本樱花方面，美国当时要领先欧洲一步。在华盛顿的波托马克河河畔种上日本樱花的数十年以前，便已有研究者关注樱花，此人便是查尔斯·斯普拉格·萨金特（Charles Sprague Sargent，树木学教授，1841—1927），

第一章 初遇樱花

他是1872年创建于马萨诸塞州哈佛大学的阿诺德植物园（Arnold Arboretum）的首任园长，十分热衷于搜集东亚的树种。

萨金特曾亲赴日本，在日本的东北地区和北海道采集树木的种子，他便是在那时领略了樱花之美。多年后，他派遣当时在植物园工作的英国植物猎人欧内斯特·亨利·威尔逊（Ernest H. Wilson，1876—1930）前往日本搜集樱树。威尔逊将大量樱树引进植物园，并于1916年出版了欧美第一部关于樱花的专著《日本的樱花》（*Japanese Cherries*）。

英格拉姆写信给阿诺德植物园，要来了自己没有的一些品种。

此外，受威尔逊的影响，美国有几家大花木公司也积极开展了日本樱花的相关业务，如加利福尼亚州圣何塞的沃尔特·B. 克拉克（Walter B. Clark）公司、纽约的克拉伦斯·麦肯齐（Clarence MacKenzie）公司等。英格拉姆给两家公司的创始人克拉克和麦肯齐直接写信购买樱树，并与他们保持了长期的交往，共同构筑起一个"樱花网络"。

另外，在英国国内，皇家植物园邱园在20世纪初便已种植了一些日本樱花，英格拉姆从该园获得了"手球"等栽培品种的接穗。由于威尔逊在去美国之前曾在该植物

樱格拉姆

园工作过很长一段时间,所以他后来采集的樱花种子也有一部分被赠送给邱园并被种在园中。

除此之外,能够获得宝贵的樱树资源的渠道,便是与园艺有关的朋友和熟人。英格拉姆只要听说谁家院子里种有日本樱花,便会立刻与此人联系并前往拜访,请求对方给自己几根接穗,然后拿回家去嫁接培育,种在花园里。

嫁接是指在进行某棵樱树的人工繁殖时,从该树上剪下接穗接到另一棵有根的树木根段(即砧木)上去的方法。接穗若能与砧木顺利融合,便会在砧木上继续生长,成为一棵树。英格拉姆将各种樱树的接穗嫁接到英国原产的欧洲甜樱桃上使之生长。

就这样,随着英格拉姆不断地多方搜集、培植各种日本樱花并将其种植到庭院里,格兰奇的花园中出现了一个壮观的"樱园"。到 1925 年,也就是英格拉姆开始搜集樱花的仅仅六年后,园中便已有 70 个品种的樱花生长并开花。

以研究樱花为毕生的事业

1925 年,英格拉姆在英国权威的《皇家园艺协会纪要》(*RHS Journal*)上首次发表了一篇专门研究樱花的论文,即《关于日本樱花的记录》("Notes on Japanese Cherries"),

第一章 初遇樱花

内容全部基于对自己花园中所植樱花的观察，对其中 40 个品种的花与叶子的外观、花序类型、花朵大小等特征进行了详细的记录，可以说是欧洲首部"樱花辞典"。该记录后来又接连推出了第二篇（1929）和第三篇（1945），并于 1948 年集结为一部集大成之作——《观赏性樱花》（*Ornamental Cherries*）。

第一篇中所记录的，除"山樱""大山樱""大岛樱"等野生品种外，还有"关山""麒麟""八重紫樱""朱雀"等栽培品种。

在撰写这部"樱花辞典"时最令英格拉姆头疼的一点是，当时樱花的名称十分混乱。

当时，英国的花木公司为吸引本国人购买，舍弃从日本进口的樱花的本名不用，而另外冠以英语名称。比如栽培品种"天之川"因花形与苹果花相似而被命名为"苹果花"（Apple Blossom），"千里香"则被冠以"富士山"（Mountain Fuji）之名出售。而且，由于花木公司各自按照自己的喜好随意命名，市面上出现了许多异名同种或同名异种的樱花。

"樱花的品种名称混乱到可以说是令人绝望的程度"，英格拉姆这样叹息着，着手进行名称的整理工作。要把当时有关樱花的学术论文与自己的樱花逐一对照确认，是一项艰难的工作。那个时候日本在樱花方面的专家有东京帝

樱格拉姆

国大学教授三好学（1861[①]—1939）与京都帝国大学教授小泉源一（1883—1953）。

日本樱花有 1000 多年的历史，栽培品种众多，其中大部分产生于江户时代，但其相关学术记载主要始于 1910～1920 年代，相关科学性研究在进入 20 世纪后才终于起步，樱花的分类学在当时也还处于萌芽时期。

三好学在明治二十年代毕业于东京帝国大学理学部，后前往德国留学（1891～1895 年），攻读植物生理学，归国后为日本植物学的发展奠定了基础。他致力于樱花研究，于 1916 年（大正五年）发表了德语论文《日本的"山樱"——其野生品种与栽培品种》，文中对 130 余种野生品种与栽培品种的樱花进行了分析。此外，他还出版了《樱花图谱》，这是一部木版彩色印刷的樱花植物科学图鉴。在当时的日本，人们都称他为"樱花博士"。

小泉源一则于东京帝国大学毕业后，执教于京都帝国大学，为日本的植物分类学奠定了学科基础。小泉于 1913 年发表了一篇关于蔷薇科植物的论文，其中也有一些关于樱花的论述（樱花在植物学分类上属于蔷薇科）。

[①] 原文如此，但据查三好学生年应为 1862 年。

第一章　初遇樱花

英格拉姆在撰写自己的论文时，参考了这两人的论文和著作，以及威尔逊的《日本的樱花》，但有些品种名称即使参考了前人的研究也弄不清楚，这时英格拉姆便自己给这些樱花命名。

他的想法是，"我并非想要主张自己培育的樱花是前所未有的新品种，但我觉得对于那些在请教专家之后仍然搞不清品种的樱花，还是让它重新接受'洗礼'比较好"（摘自其论文）。

在这篇论文中，被英格拉姆重新"命名"的樱花为"大黑"和"北斋"。

"大黑"是一种开深粉色大花的八重樱，英格拉姆在朋友的院中见到它后，要来接穗嫁接到欧洲甜樱桃上，在自家庭院中进行了培育。这个朋友曾在20世纪初自行从日本引进了几种樱花，这种粉中带紫的樱花无论是从花瓣的颜色、大小、瓣数还是从花序类型来看，都是前人记载中不曾有过的，因此英格拉姆将其命名为"大黑"。他本人说这是"借用日本一位象征着繁荣兴旺的神的名字"，准确地说，"大黑"是指佛教的一位护法神"大黑天"。

"北斋"则是他们一家入住格兰奇时已种植在那里的那两棵大樱树，就是它们促使英格拉姆开始研究樱花的。为确定这种樱花的名称，英格拉姆曾将样本寄给三好学，请他帮助辨别。但三好学的回复是："日本有许多栽培品种，但知道名字的仅有少数几种，这种樱花的品种名称尚不明确。"

于是英格拉姆宣布："既然如此，只好由我来命名了。我将按照世界闻名的日本画家葛饰北斋的名字将这种樱花命名为'北斋'。"

从那以后直至现在，"大黑"和"北斋"作为两个极受喜爱的品种，不仅在英国，而且在欧洲其他各国及美国，都得到了广泛的传播。

后面的章节将会谈到，樱树是一种极易产生变种的植物，常常会通过与其他樱树的自然杂交而产生新的形态。而且由于栽培品种数量飞速增长的江户时代几乎没有留下什么相关记录，所以对于某一栽培品种是由哪两种樱花杂交产生的，其实至今仍有许多尚不明确之处。

到了1990年代，随着脱氧核糖核酸（DNA）检测技术的诞生，研究者才终于能够确定各个品种的亲本树种。日本国立森林综合研究所多摩森林科学园的主任研究员胜木俊雄目前正在通过这一DNA检测技术对樱花的品种加以鉴定。为调查樱花的情况，他曾于2014年和2015年两度访英，将大量樱花标本从英国带回日本进行DNA检测。

后面会详细谈到，英格拉姆帮助在日本已经绝迹的"太白"樱又回到了"娘家"。如果胜木的检测能够证明"大黑"和"北斋"是日本已经绝迹的品种，那么这两个品种便也是在 19 世纪末 20 世纪初远渡英国并托英格拉姆的福而幸存下来的。也许它们也会在时隔百年左右之后再次回到"娘家"日本呢。

从开始搜集樱花才过了短短六年，英格拉姆已成为"樱花研究的权威"。《关于日本樱花的记录》中所收录的 40 个品种仅限于品种已确定的，文中写明"另外还有 29 个无法确定的品种长在园中"。加上这些的话，也就是说此时樱园中已有共计 69 个品种的樱花。

在论文的最后，英格拉姆写道，"若有种植了本文中未提及的品种者，请与我联系"，并附上了格兰奇的地址。从中可以看出他想要搜集尽可能多的樱花品种以深化研究的强烈愿望。

第二章 赴日"寻樱之旅"
——日本樱花面临危机

第三次访日

格兰奇樱园中的樱花品种已超过 100 个,在英国已无法获得更多的品种,英格拉姆决定"去日本做一次寻樱之旅"。

英格拉姆的父亲威廉和母亲玛丽已相继于 1924 年和 1925 年去世,英国从 19 世纪末开始加强了对贵族和富裕阶层的财产税与遗产税的征收,这直接影响到英格拉姆家。为了避税,威廉在死前卖掉了法国南部的别墅,西印度群岛的小多巴哥岛也在他死后无偿转让给当地政府。

英格拉姆在此之前一直最大限度地享受着父亲的财产

第二章 赴日"寻樱之旅"——日本樱花面临危机

带来的方便，但看到这一变化，他似乎切身感受到加强立足之本的必要性。要完成自己视为终身事业的"樱花研究"，无论如何也要再去日本一趟。

第三次访日是在1926年春天。

在此之前，英格拉姆在英国结识了日本的鹰司信辅公爵（1889—1959）。鹰司是一位鸟类学家，在日本被称作"鸟公爵"，曾在东京帝国大学动物学科师从饭岛魁教授学习。1912年他与同为饭岛弟子的黑田长礼侯爵等共同创立了日本鸟学会，由饭岛担任首任会长。

饭岛曾在英格拉姆第二次访日时向日本政府申请捕鸟许可证的时候助了他一臂之力，黑田则是日后就任鸟学会会长并将英格拉姆推举为名誉会员的人。

鹰司在饭岛去世后不久的1922年接任鸟学会会长，但中途曾于1924年去欧洲游学一年半，其中在伦敦逗留的时间尤其长，每天去大英博物馆和自然历史博物馆埋头于鸟类研究。

一日，这位鹰司先生来到英格拉姆位于肯特郡的家中拜访，英格拉姆抓住时机恳求他道：

"我想去日本搜集樱花，能不能请您助我一臂之力？"

英格拉姆是个很有运气的人。鹰司回到日本之后，担任了当时为保护日本樱花而在东京成立的"樱之会"的会长。在鹰司的照拂下，英格拉姆在东京和京都得到在日

樱格拉姆

本居于指导者地位的商界人士、学者及华族①等的热情欢迎，接触到许多樱花相关人士。

鹰司拜访格兰奇的时候正值樱花绽放的季节，花园中的樱园里"山樱"正在盛开。英格拉姆访日时受邀参加了在东京举行的樱之会的聚会，发表了演讲。当时鹰司在介绍他的时候是这样说的：

> 我前年曾去过英国……当时英格拉姆先生院中美丽的山樱正在盛开，使我有种回到日本的感觉，心情非常愉快。[1]

幻灭

1926年3月30日，英格拉姆乘坐的船只抵达长崎港，此时他45岁，距上一次访日已经过去了19年。他这次的目的只有一个，就是搜集新品种的樱花。他做好了前

---

① 日本于明治维新至第二次世界大战结束之间存在的贵族阶层。1869年，日本在各地方诸侯版籍奉还之后，废除原来的"公家"（公卿）、"大名"（诸侯）等称呼，将其统称为华族。1871年，日本取消旧身份制度，将国民分为皇族、华族、士族、平民四等。华族成为仅次于皇族的贵族阶层，享有许多政治、经济特权。1884年，颁布《华族令》，将华族分为公爵、侯爵、伯爵、子爵、男爵五个等级。

第二章 赴日"寻樱之旅"——日本樱花面临危机

往偏远地区和深山老林的准备,对于此行可能遇到的樱花充满了期待。

迎接英格拉姆的是春天尚未到来的寒冷的日本,无论走到哪里都看不到开放的樱花。这一年的冬天前所未有地长,樱花开放的时间大大推迟了。英格拉姆换乘了日本国内船只,穿过碧波荡漾的濑户内海前往东京,但当他站在甲板上时,吹拂到脸颊上的仍然只有冰冷的风。

> 天气晴好但寒冷,濑户内海沿岸山丘顶上均被白雪覆盖。听人说抵达长崎时樱花应已盛开,但事实上只有几株山樱刚刚开始绽放花蕾……
>
> (摘自4月1日的日记)

英格拉姆大失所望,打着哆嗦回到船舱。

东京也依然寒冷。4月1日英格拉姆抵达东京后,立即前往东京帝国大学附属的小石川植物园对三好学教授做礼节性拜访。他本想着一边欣赏各种樱花一边听三好教授讲解的,不料植物园里正在开花的只有冲绳产的寒绯樱一种,于是与三好教授的这次会面只谈了些关于寒绯樱和高盆樱桃[①]的区别之类的便结束了。

---

① 又名冬樱花、云南早樱,学名 cerasus cerasoides。

樱格拉姆

第二天，英格拉姆去拜访横滨市的横滨植木商会。前往横滨的路上，沿途映入眼帘的是一派现代建筑林立的都市景象。

时值大正十五年，三年前的关东大地震使关东一带化为废墟，在之后的重建工程中，宽阔的马路和满街的钢筋混凝土建筑建成，残留下来的一些木结构建筑均遭到拆除和改建。

> 东方式的街景消失了，在原来的位置上矗立着超西洋式的怪物般巨大而丑陋的建筑。在我看来，这是日本想要过于快速地一口气吞进大量西洋文明的结果。这个国家已失去了对美的辨别能力，出现了严重的消化不良。
>
> （摘自 4 月 2 日的日记）

前两次访日期间使他那般着迷的日本的自然美与传统美，在近代化浪潮的冲击下正在迅速消失。

在横滨植木商会，他见到了铃木清藏社长与他的得力助手、总负责人①（当时的职位，现在该公司已无此职位）岛村益之助。

---

① 原文作「支配人」。

第二章　赴日"寻樱之旅"——日本樱花面临危机

"欢迎光临！承蒙您从英国不远千里来访，不胜荣幸！"

岛村将他带往社长办公室，铃木微笑着迎了出来。英格拉姆在椅子上坐定后，三人通过翻译进行了谈话。

"听说日本有数百个品种的樱花，我是来寻找珍稀品种的，日本人最近对什么品种的樱花感兴趣呢？"

听到这句问话，铃木和岛村面面相觑。片刻沉默后，铃木开口道：

"日本樱花以前是有很多栽培品种的……但遗憾的是，现在的顾客似乎只关心花是单瓣的还是重瓣的，近来已极少有人订购那些不够华丽的、花形朴素的樱花和珍稀品种了。"

"……"

英格拉姆不知说什么好。岛村接着说道：

"珍稀品种因为需求量小，对我们来说没什么利润，培植起来又十分费时费力，所以……"

英格拉姆仿佛受到迎头一击，内心无比震惊。

日本原本有"山樱"和"大山樱"等十个野生樱花品种，其中一部分因变异而产生变种，通过这样一些自然的方式产生了之前没有的品种。

人们对这些新品种加以人为筛选和人工栽培，从而产生的便是栽培品种。这样的栽培品种在日本有很多，据说

樱格拉姆

达 400 种以上，其中约 250 种以上诞生于江户（东京）与京都等地，种植于大名宅邸、神社和寺院里。

在日本，自古以来苗木匠人们一直在呕心沥血地开发更美、更有魅力的樱花新品种。英格拉姆为寻访丰富多样的樱花不远千里来到日本，内心潜藏着这样的期待和野心——说不定自己能在某处偏远的地方发现尚未经专家认定的品种。

然而现在，专业苗木公司的最高负责人却说日本人已不甚关心樱花的品种多样性。难道说以前正因为是锁国时期，不会受到外国的影响，才得以开发出许多樱花品种的吗？在已经向欧美诸国敞开门户的今天，日本人已经失去了珍视传统的心吗？门户开放及之后的近代化进程究竟给日本带来了什么？

与铃木和岛村围绕樱花进行的谈话长达数小时，这个他做梦也不曾想到的现实令英格拉姆陷入了深深的悲哀。

近代化所带来的商业主义潮流似乎夺走了日本人赏玩各种美丽樱花的心思。人们如今仍然热爱樱花，这点毫无疑问，但已失去了对其多样性的关注。樱花品种多到令人眼花缭乱的时代已经过去，岛国日本享受着长期的和平与繁荣并追求艺术与传统美的德川时代，已一去不复返了。

第二章 赴日"寻樱之旅"——日本樱花面临危机

英格拉姆不禁担心起樱花的未来。

> 既然（这个国家的人们）不关心如何拯救那些不够艳丽的品种和不易培育的品种以使它们不要灭绝，那么樱花的品种会越来越少吧。
>
> （摘自4月3日的日记）

但写到此处，他又转念想道："所幸樱树的寿命不算太短，或许还能拯救几个品种也未可知。"

英格拉姆决意由自己来承担起拯救日本樱花的一部分工作。

他怀着热切而又不无讽刺的心情想道："将来日本人会在欧洲和美国重新发现最美的樱花吧！"

这天英格拉姆拜托铃木和岛村将横滨植木会社经营的所有樱花品种名称都告诉他。后来在逗留东京期间，他在下榻的帝国宾馆收到了回复。从回复来看，横滨植木共培育了72个品种。英格拉姆在访日期间由铃木和岛村陪同，两次前往横滨植木在镰仓的试种场参观了这些樱花。

在英格拉姆收到的清单上，有40个品种的旁边做有标记，分别写着"1""2"等数字。这应该是他在试种场看中了一些优质的樱花后，在旁边标注的自己想要的数量。他雷厉风行地订购了许多品种的樱花，开始了保护樱

樱格拉姆

花的行动。

不知鹰司先生是不是因为体察到了他的这种心情，第二天，也就是4月3日，带他去看了在东京郊外的浅川（现八王子市）举办的矮脚鸡（一种被日本列入自然保护动物的鸡）展览会。展览会上汇集了来自全国各地的矮脚鸡品种，有全身羽毛倒竖的"逆毛"、羽毛像丝绒一样的"丝毛"，等等。英格拉姆看得十分愉快，忘记了樱花的事情，看着矮脚鸡垂直上下"噌噌"跳动的样子不禁哈哈大笑。

参观完展览之后，鹰司邀请英格拉姆去参加了当地鸟类爱好者的集会（应该是日本鸟学会在当地支部的集会）。集会在一幢民宅里举行，会中有一名男子站起身来，"唧唧唧""啾啾啾"地模仿了各种日本野鸟的叫声，简直惟妙惟肖，举座为之沸腾。得知此人竟是自己19年前访日时协助自己在富士山麓寻找鸟巢的须走村的那位"高田"先生的兄弟，英格拉姆十分惊讶。

在这次集会上，日本人行礼的方式让英格拉姆大跌眼镜。他和鹰司一道来到那幢民宅时，看到参会者全体集中在玄关处。

> 他们一个接一个地屈膝跪下，把额头抵着地板向我们行礼。这行礼冗长到让我觉得会永远持续下去。
>
> （摘自4月3日的日记）

第二章 赴日"寻樱之旅"——日本樱花面临危机

聚会结束后,一行人请英格拉姆到一家高级日式餐馆用餐,这套冗长的礼仪又从头重复了一遍。饭店是一家有名的日式火锅专营店,黑田长礼侯爵也参加了饭局,坐在英格拉姆的正对面,与他共享一个火锅。当时,对外国人来说,日本菜是完全陌生的,一切都显得那么新奇。

> 正方形的"火盆"上架着锅,大家各自将食材放进锅中加热。片得极薄的生牛肉和生的蔬菜被不断地送上来,锅里的汤汁用的是什么调味料只有老天知道!食材煮熟后,用筷子夹出来,在碗里的生鸡蛋液中蘸一下再吃。宴会的最后,侍者送上几个果盘,里面装着切成薄片的苹果和橙子,大家用木牙签扎着吃了。
>
> (同上)

在古都的 "发现"

4月4日,英格拉姆前往京都。他在京都逗留了10天左右,其中部分日程似乎是有鹰司陪同的。住宿地点是市内东山区的都宾馆。该宾馆是京都最高级的西式宾馆,为配合日本"文明开化"的时代步伐于1900年兴建,是

樱格拉姆

外国要人经常下榻的"京都的迎宾馆①"。这应当是鹰司先生设法为他预订的，可见英格拉姆在京都受到的是"贵宾"级待遇。

京都的樱花虽然开得也比往年迟，但过了几日便次第绽放。英格拉姆发现这座古都的神社和寺庙的庭院中还保留着许多品种的樱花。

> 这几日开心得简直要飞起来。垂枝樱开成了一树粉红色的瀑布，圆山公园的垂枝樱也极美，每一株樱花都略有不同。
>
> （摘自4月8日的日记）

这日，他参观了与丰臣秀吉颇有渊源的醍醐寺（位于现京都市伏见区）。这是秀吉于庆长三年（1598）三月举行盛大的"醍醐赏花会"的地方。为举办这场花宴，秀吉对该寺进行了修复，并从附近地区搜罗了700株樱花集中种植于此。英格拉姆进入三宝院②，从室内观赏外面绚烂的垂枝樱。

---

① 迎宾馆位于日本东京都港区，是专门迎接外宾的设施。原为纪州德川家的公馆，明治五年（1872）献给皇室，成为赤坂离宫。明治三十二年（1899）改建成现在的建筑；昭和四十三年（1968）整修，决定改作迎宾馆；昭和四十九年（1974）完成。

② 庙中住持的住所。

第二章　赴日"寻樱之旅"——日本樱花面临危机

> 从大敞着的窗户向外看去，强烈的阳光穿透柔和的粉红色花瓣云，与我所在房间的昏暗的阴影形成对比，营造出一种无以名状的效果。　　51
>
> （同上）

4月10日，可能在鹰司的安排下，家住京都的劝修寺经雄伯爵（1882—1936）带了一名翻译，陪英格拉姆参观了清水寺、京都御所和平安神宫。劝修寺经雄出身于京都一个原公卿贵族①家族——劝修寺家族，毕业于东京高等农学校（现东京农业大学），在植物和园艺方面有很深的造诣。他创立了京都园艺俱乐部，并于数年后的1938年撰写了《古都名木记》一书②，对包括樱花在内的京都名木进行了记述，在当时的京都作为一名樱花专家而知名。

这天是十分充实的、收获满满的一天。英格拉姆"发现"了几种"新的樱花"（自己没有的樱花），并拜托劝修寺日后将接穗寄往英国。

嫁接樱花的时候，用来接在砧木上的接穗需要在树木

---

① 原文为「公家の名家」，即"公家"中的"名家"这一门第。公家指服务于天皇与朝廷的、住在京城内皇宫周边地区的五品以上官员。
② 此书初版为1925年，1938年再版。此处原文有误。

樱格拉姆

休眠的冬季采集,所以英格拉姆为将此次寻樱之旅中发现的樱花的接穗运往英国,在各处都拜托了樱花的主人在当年冬天剪下接穗寄往他英国的家中。

日记中写道:"劝修寺伯爵答应我会将八根接穗寄来。"首先是他在清水寺院子里发现的那株据认为属于彼岸樱系列的复瓣①樱花,这株樱花"虽然有一部分枝条枯死了,不是很健康,但开花极美,必须将它保存下来"。

其次是一株长在京都御所的"山樱"类樱花,"是我迄今所见的'山樱'中花朵最小的一种,植株整体横向宽度大,顶部形如王冠"。

在平野神社,他写道,"有很多感兴趣的品种",并拜托劝修寺寄送其中"菊樱""妹背""手弱女"这几个品种的接穗。

因收获颇丰而心情愉悦的英格拉姆,又请求劝修寺将自己前几日(4月5日)在南禅寺最胜院看到的一株花朵大而艳丽的"十月樱",以及圆山公园的垂枝樱的接穗也寄给他,劝修寺爽快地答应了。在他这天日记的正文旁边

---

① 花型按花瓣多少可分单瓣、复瓣、重瓣三种。单瓣品种花瓣只有一层或者两层(大多数情况下为一层),雌蕊雄蕊均正常,结实力强。重瓣指有多层(两层以上)花瓣的花朵,观赏价值较高,但因为雄蕊或雌雄蕊均退化,所以结实力弱。复瓣花和重瓣花一样具有多层(两层以上)花瓣,但花蕊正常,像单瓣一样具有结实力强的特点。

第二章 赴日"寻樱之旅"——日本樱花面临危机

备注着"给伯爵寄英国的白丁香",并写着劝修寺在京都市的地址。看来,英格拉姆为了感谢对方邮寄樱花接穗,主动提出赠送英国花卉吧!

这些接穗在英格拉姆回到英国之后,于当年冬天顺利抵达格兰奇并被嫁接到其他树上,成为英格拉姆樱园的一分子。劝修寺兑现了他的承诺。寄来的接穗中,"妹背"和"手弱女"长成了大树,成为由英格拉姆首次引进英国的名贵品种。

却说在平野神社,英格拉姆遇到了一件有趣的事。平野神社内所植的 10~15 种樱花,名字全都是他不曾听说过的。当时恰巧有个花匠在干活,英格拉姆便问他:

"这里樱花的名字是按照(东京帝国大学)三好学教授的分类起的吗?"

"不是,教授分类用的是东边(东京)的名字,这里的樱花用的是西边(京都)的名字。"

听了花匠的回答,劝修寺也补充说,京都是日本的古都,没必要和东京用同样的名称。原来不仅在英国,在樱花的故乡日本也是如此,在悠久的历史中,樱花在不同的地区被赋予了不同的名称。

53

我们常说给樱花分类很困难,事实上这样一种名称上的混乱至今仍在困扰着研究者们。森林综合研究所的胜木俊雄试着通过樱花的 DNA 检测来统一其名称,

樱格拉姆

这一工作在英格拉姆访日结束后过了 90 年的今天仍在继续。

4月11日傍晚，劝修寺与京都府立植物园园长郡场宽（1882—1957）等六七个人（姓名不详）一道，去都宾馆拜访英格拉姆。

京都府立植物园由京都府规划建设，于两年前的1924年刚刚建成开放。京都府政府购入这块土地原本是为举办一次博览会，以纪念大正天皇即位大典在京都举行，但最终未能顺利举办，因此另行规划将其建成植物园，由三井财阀的三井家族捐资25万日元（相当于现在的2亿3100万日元），从1917年开始耗时7年建设完成。当时日本可供大学研究使用的植物园只有东京帝国大学附属的小石川植物园等两所，京都府立植物园占地面积广达24公顷，作为日本第一所真正的公立植物园备受瞩目。

在明治维新后"新生的日本"，京都作为一个与东京抗衡的文化之都而存在。出于宣传这一形象的目的，京都府政府在植物园的运营管理上格外用心，选中了后来成为京都帝国大学理学部部长的著名植物学家郡场宽担任园长。郡场后来在第二次世界大战中作为日本陆军司政长官赴任马来半岛并兼任新加坡昭南植物园园长，在此期间阻止日军将该园的前任英籍园长等人关进监狱，使他们得以

第二章　赴日"寻樱之旅"——日本樱花面临危机

继续自己的研究工作，还保护了园内的树木免遭战火，也因此在战后声名远扬。

这天没有翻译在场，英格拉姆的日记中写着"所有人的英语水平都是只知道几个单词的程度，所以谈话并不热烈"。日记中对郡场的发言并未提及只言片语，可能是英格拉姆不知道郡场是那般有名的植物学大家吧。不过通过这次会面，他有了一个发现。

> 他们中有位自称"浜口先生"的人在临走时说："我们日本人最欢喜白色单瓣的'山樱'，'山樱'花朴素又健康，使人联想到皮肤像桃子一样白里透红的农村姑娘，不像八重樱那样有种矫揉造作的艳丽。"
>
> （摘自4月11日的日记）

"浜口先生"这句不经意的话似乎给英格拉姆留下了十分深刻的印象，他在后来所写的许多关于樱花的文章中反复引用这句话。

就这样，在英格拉姆逗留京都期间，日本主要的植物学界有关人士悉数来拜访了他。我想这不仅是由于鹰司先生人际关系广，也反映出当时日本人对来自英国的访客的态度吧。

明治维新以后，日本在政治制度、产业形态、海军制

樱格拉姆

度等各个方面都将英国作为发展近代化的模板,英日同盟一直持续到第一次世界大战后的1923年,两国之间保持着良好的关系。当时日本已将中国台湾和朝鲜变成殖民地并试图进一步侵略亚洲,因而对于在全世界都拥有殖民地的大英帝国是满怀憧憬的。

日本十分景仰英国,因而英格拉姆作为一位从日本人景仰的国家特意前来研究日本的象征——樱花——的人物,受到了极为热情隆重的接待。

吉野山,东京,船津先生

接下来在4月14日,英格拉姆进行了一次与24年前同样的保津川漂流。

> 小船在山谷间顺流而下,水面渐渐开阔起来。此时两岸的"山樱"开始呈现出艳压群芳之势,在漫山遍野的松树林中星星点点地盛开着,一直延伸到山顶附近。阳光笔直地照进它们半透明的红褐色嫩叶和雪一样的花簇之间,在四周松林浓重的阴影衬托下,仿佛镶嵌在四处的、放射着光芒的斑点一般。

(摘自4月14日的日记)

第二章 赴日"寻樱之旅"——日本樱花面临危机

4月16日,他去了与樱花有关的历史名胜——奈良的吉野山,导游手册上写着这里日均游客25000人。吉野山作为日本人的"赏樱圣地"极为有名,但英格拉姆似乎不大喜欢这种让他大跌眼镜的熙熙攘攘的景象,吉野山给他留下了斧凿痕迹过浓的印象。

56

> 人真是太多了!大家像橄榄球比赛中争球一样挤上登山电车,在挤得像沙丁鱼罐头一样的车里乘了好久。我知道这里的樱花大半都是人工种植的,而且所有的树都很小,质量也不大好。
>
> (中略)
>
> 占赏花游客半数的男人们喝醉了酒,闹个不休。当然也不过是醉后变得或多愁善感、细腻温柔,或异常活泼,或大叫大嚷,并没有特别的危害……
>
> (摘自4月16日的日记)

之后英格拉姆回到东京,4月20日去参观荒川堤的樱花并拜访东京的樱花名士船津静作(1858—1929)。关于荒川堤的由来以及英格拉姆与船津会面的情况详见后述,这里先介绍一下船津先生。当时东京有一个小团体,将江户时代开发的许多栽培品种的樱花种到了荒川堤沿岸,船津便是他们的核心人物。这些有心人同英格拉姆一

樱格拉姆

样,想要把明治维新以后日渐消失的樱花保留下来。

这天陪同英格拉姆前往的,是帝国宾馆的前总负责人、时任樱之会干事的林爱作(1873—1951)和参与过荒川堤植树工作的东京市政府公园科技师相川要一。林爱作曾于幕府末年至明治年间孤身一人前往美国刻苦攻读,所以英语很好。

与船津的相识对英格拉姆毕生都产生了巨大影响。他回到英国后,在写给园艺杂志的报道中,关于船津这样写道:

> 我在船津先生的陪同下看了荒川堤两岸的樱花树。他就像一个满怀慈爱的父母骄傲地谈论自己的孩子一样,给我讲了每一棵樱花树的美丽之处和价值所在。船津先生的眼中闪耀着对樱花的热爱,使我内心充满了幸福感。他倾注在樱花上的目光就像一个抱着婴儿的母亲注视自己的孩子那般温柔。

在 4 月 20 日的日记中,他这样写道:

> 如果没有船津先生的献身精神,日本肯定有许多樱花品种已经消失了吧。他不仅对荒川堤所有的樱花都做了详细的带插图的记录,还将其中几种樱花种在

第二章　赴日"寻樱之旅"——日本樱花面临危机

自家院中加以保护。

日记中列出的他在荒川堤所看到的樱花品种有"白妙""驹系""泰山府君""手球""白雪"等。

第二天，即4月21日，英格拉姆与林爱作一道去了当时东京的另一处赏樱胜地小金井堤。江户幕府第八代将军德川吉宗（1684—1751）在18世纪末命人从吉野山移来"山樱"，在玉川上水①沿岸种植，使小金井堤成为第二次世界大战以前东京都内屈指可数的赏樱胜地之一。

这天天气晴朗，碧空如洗，甚至可以看到远处顶戴白雪的富士山。英格拉姆饱览了一番千姿百态、各有特点的"山樱"。

> 这里的樱花是迄今所见品质最好的。绝大多数樱树的叶片都是褐色，但也有几棵泛着绿色的，这几棵花朵较大，花期也较晚。褐色的叶片仔细看上去也各有不同，有的泛着红色，有的是棕褐色；花的形状和大小也都有细微的差异。威尔逊（E. H. Wilson）说

---

① 即玉川水渠，是贯穿东京都的一条水渠，在江户初年为将多摩川水用于饮水和农业灌溉而修筑。

樱格拉姆

有"千岛樱",但这里的樱花都是"山樱",他显然是搞错了。

(摘自 4 月 21 日的日记)

59　　要回去的时候,英格拉姆顺便去了附近的花木商店,在那里发现了 8 种很感兴趣的樱花。他找到店主,让林爱作替他翻译道:

"我是一名樱花收藏家,为搜集日本的樱花从英国远道而来。您这里有非常好的樱花,可是不能现在买了带回去,请您务必帮个忙,今年冬天帮我将接穗寄到英国好吗?"

店主说自己叫"矶村贞吉"。突然被一个素昧平生的外国人请求邮寄接穗,他似乎有些吃惊,但可能是看到英格拉姆衣冠楚楚,态度又那般恳切的样子,被他打动了吧,便答应了英格拉姆的请求。英格拉姆预付了货款和邮费,并另外拜托矶村将店里一种红梅的接穗也一道寄去。

将野生的樱花镌刻于心

4 月 24～26 日,英格拉姆独自一人去了箱根,5 月则在富士山麓寻访。虽然江户时代开发出来的许多栽培品种的樱花正在逐渐消失,但日本有 10 个野生品种的樱花。

第二章 赴日"寻樱之旅"——日本樱花面临危机

英格拉姆在箱根一带及富士山麓尽情观赏了野生樱花,将这些美景深深地镌刻在心底。

在箱根旅行时,正值芦之湖湖畔的"豆樱(富士樱)"开得绚烂。"豆樱"植株低矮,可爱的白色小花簇簇低垂,与红色的萼片相映成趣,远远看去仿佛粉红色的云霞。衬着背后驹之岳的山坡和绿叶稀疏的褐色树林,湖畔大片"豆樱"花繁叶茂的景象美得几乎让人心醉。

行到海拔420米的宫之下附近时,英格拉姆又看到了四处盛开的"山樱",沿着山坡的斜面一路竞相向上生长。在小涌谷看到了一株高约15米、树冠最宽处接近9米的巨大"山樱"。

> 阳光在满树盛开的白色花朵和红褐色叶片间跳跃闪烁,樱树熠熠生辉。它们全都换上了朝气蓬勃的春天的衣裳。再没有比这长满树木的陡峭山坡更加适合"山樱"的舞台了,我从不曾在别处见过这般美丽的"山樱"风景。
>
> (摘自4月26日的日记)

"山樱"是通过一年年的自然杂交而不断增殖的吧。对于人工开发的栽培品种,英格拉姆也热心地搜集和保护,但他最爱的其实是这种生长在大自然中的野生樱花。

樱格拉姆

4月27日，英格拉姆在樱之会于东京主办的聚会上做了演讲（演讲内容后文详述）；之后的5月，他进入富士山北麓，在导游的陪同下，骑马沿着从精进湖到本栖湖之间的山路对其中部分区域进行了搜寻。他在那里看到的是一片绝美的风景：在幽暗的山谷对面的山坡上，满目树木凋零的萧瑟景象中，唯有"大山樱"正在恣意怒放，每一根枝条都缀满了鲜花。"大山樱"花朵大且颜色鲜红，盛开时绽放出夺目的光彩。

英格拉姆一生都不曾忘怀这幅景象。在后来出版的《观赏性樱花》中，他这样描述道：

在蓝得耀眼的5月晴空下，"大山樱"仿佛沐浴着柔和的聚光灯一般凸显出来，花朵看上去甚至成了蔷薇色，又像是晨曦中被映红的雪。

这时近在咫尺的一棵"大山樱"吸引了他的目光。

满山都是伸展着黑黢黢枝条的松树林，在它们的前方，这棵树鲜艳的红色花瓣云让我心醉。远处的山脊上云雾缭绕，银光闪烁的富士山顶以神秘的姿态耸立于群山之上。

（摘自5月6日的日记）

第二章 赴日"寻樱之旅"——日本樱花面临危机

目睹着这样一种超自然的风景,英格拉姆感到自己不过是个极其渺小的人类,心中充满了敬畏。

> 我长时间地坐在那里,只是静静地感受着这美景缓缓渗透我的灵魂。
>
> (同上)

突然,树莺清脆的叫声响彻山间。萧索的山间景色与樱花、富士山,还有树莺的鸣叫声……置身于这个遥远东洋岛国的远离尘嚣的清冷山间,英格拉姆在这美妙到极致的舞台布景中,沉浸在无法言喻的感慨之中。

发现新品种

英格拉姆的寻樱之旅还远及日光、仙台和松岛。在日光山的轮王寺,他看了一棵被称作"金刚樱"的老山樱,欣赏了"普贤象"和"关山";在松岛看到了一棵高达12米、树干几乎有5米粗的"极品彼岸樱"(江户彼岸樱)。

他看到这棵彼岸樱,是在乘汽艇游览松岛湾后从海上返回岸边的途中。在后来发表的"樱花辞典"的第二篇[3]中,他这样写道:

樱格拉姆

63
> 我看到远处数公里外的海岸景物中，有一团仿佛用粗大的毛笔一气呵成绘出的粉红色，到了近处一看，原来是一棵格外壮观的彼岸樱。它独自矗立在一座破败冷清的小神社旁，每一根枝条上都密密层层地缀满了浅粉色的花朵。

这棵彼岸樱长在神社所在的小丘的斜坡上，英格拉姆发现"樱花似乎在倾斜的坡地上长得最好"。

这次访日的另一个大收获，是在富士山麓一个名为上吉田（现山梨县富士吉田市上吉田）的村子里发现了后来被他命名为"浅野"的樱花。

5月4日，英格拉姆在前往精进湖的途中顺路探访了上吉田，看到村中路旁一幢农舍的围墙内矗立着一株美丽的淡红色八重樱。走近一看，花瓣竟层层叠叠多达近百片，是一种以前从未见过的十分典雅的樱花。

> 我脑中第一时间浮现出的念头，便是"怎样才能将这棵樱花带到英国去呢"。

（"樱花辞典"的第二篇）

事实上，英格拉姆在22年前进行鸟类调查的时候也来过这个村子。他突然想起，那时在村里遇见过一个在日

第二章　赴日"寻樱之旅"——日本樱花面临危机

俄战争中失去一条腿的退伍士兵,那名退伍士兵说过他的父母在村里经营一家旅馆。 64

他向村里的人一打听,原来这个独腿男子作为日俄战争的英雄在村子里十分有名,现已继承家业,成了"OSAKABE Hotel"的老板。他立即找到这家旅馆,果然看到了那个独腿男子,男子还清楚地记得英格拉姆。

> 我真是太幸运了!当我请他设法将我想要的那棵樱树的接穗寄给我时,他爽快地答应了。我还请他将旅馆院中种着的一棵浅粉色樱花的接穗也一并寄给我。
>
> (同上)

男子后来可能跟"淡红色八重樱"的主人进行了一番交涉,到了冬天,接穗顺利寄到了英格拉姆在英国肯特郡的家。这天的日记中写着,"交给退伍士兵一日元作为邮费"。

三年后英格拉姆将这种樱花命名为"浅野",这一名称取自歌舞伎剧目《忠臣藏》中人物的原型——"元禄赤穗事件"的悲情主人公浅野长矩。

浅野是江户时代播磨国(现兵库县西部)赤穗藩的第三代藩主,在元禄十四年(1701)作为接待京都御使

樱格拉姆

的负责人前往江户，因受到典礼指导顾问吉良义央的羞辱而在江户城中愤然用刀刺吉良，被将军德川纲吉责令即日剖腹自尽。后来47名赤穗藩士为给主公报仇而杀死了吉良，但这47人也落得剖腹的下场。

65
　　　樱花随风舞，恋恋枝头犹不舍。
　　　吾亦如此花，此后春色尽辜负，叫人如何意能平？

　　《忠臣藏》中有一幕是浅野在剖腹前咏了一首短歌，将自身与恋恋不舍地从枝头随风飘落的樱花作比，表现出内心的懊恼、遗憾之情。

　　英格拉姆是否因为知道浅野的这首绝命诗才以"浅野"为樱花命名的，我们不得而知。当代著名樱花研究专家、首尔大学研究生院教授崴比·奎台特（Wybe Kuitert）推测"浅野"樱的命名"可能是出于英格拉姆对负伤的日俄战争退伍军人的同情"，或许如此吧。

　　在英格拉姆所引进的品种中，"浅野"是他十分喜爱且引以为傲的一种，至今在英国仍然很受欢迎，邱园中现也植有30棵，排成两列，两两相对，每年从4月下旬到5月初都会开出绚烂的花朵，令游客大饱眼福。

　　在这之后，英格拉姆独自一人乘坐火车在九州旅行。

第二章 赴日"寻樱之旅"——日本樱花面临危机

据他日记所写,尽管他已预先从东京向大分县别府市他打算入住的宾馆拍了电报,托对方安排翻译人员,但抵达后发现对方并未做任何准备。他一时间手足无措,但很快就发挥他排除万难、勇往直前的一贯精神,在火车站找到一名会说几个英语单词的国铁①工作人员,成功地说服对方作为翻译与自己同行。英格拉姆与这名国铁工作人员连说带比画,一路上笑料百出地游览了大分县的别府和耶马溪、长崎县的云仙、熊本县的阿苏山等地。英格拉姆此次九州之旅的主要目的应为观光,但他也未忘采集珍稀的绣球花和杜鹃花。

九州之旅结束后,英格拉姆先是回到东京,然后在5月23日从横滨港乘船踏上了归国的旅途。

他在5月22日的日记中,记述了在日本逗留的最后一晚应鹰司信辅、林爱作及另外一人之邀共进晚餐的情景。那似乎是一顿十分豪华的晚餐,还叫了艺伎作陪,生鱼片和海藻类等对英格拉姆来说十分陌生的"奇怪而不可思议的食物"被源源不断地端了上来。

同席的三人都有在欧美生活的经历,身着得体的西装,英语也很流利,在当时的日本是极其"西洋化"的日本人,所以英格拉姆心情十分放松。不料这三人在开席

---

① 指日本国有铁路。

樱格拉姆

之前，又相互进行了一番那冗长的行礼寒暄。

> 我几乎已忘了他们是日本人，所以当他们全体跪在地上一遍又一遍地以额触地互相行礼的时候，我有些震惊。我一向遵循"在罗马就照罗马人那样做"（入乡随俗）的原则，但唯有这东洋式的行礼方式实在是过于奇特，让我不知所措。
>
> （摘自 5 月 22 日的日记）

起航那天，一早就开始下雨。英格拉姆的旅日日记的结束语是这样的：

> 整个上午，雨一直不停地下，仿佛在表达我因为要离开日本而感伤流泪的心。
>
> （摘自 5 月 23 日的日记）

樱之会

67   1926 年 4 月 27 日，樱之会在东京的国民新闻社（东京新闻社的前身）讲堂举行例会，正在日本旅行的英格拉姆受邀参加了这次集会。

第二章 赴日"寻樱之旅"——日本樱花面临危机

> 我最讨厌在公共场合演讲,再加上觉得身为一个外国人,却对着以樱花为国花的民族大谈樱花,有班门弄斧之嫌,所以想拒绝演讲。但为时已晚,一切都已安排好了。[5]

据他这天的日记记载,这次演讲在樱之会干事、帝国宾馆前总负责人林爱作的软磨硬泡和锲而不舍的恳求之下得以实现,林爱作对英格拉姆说,希望他"能谈谈外国人眼中对日本樱花坦率的印象和想法"。

在介绍演讲的内容之前,我想稍微介绍下樱之会成立的背景,以及在此4年前一直由林爱作担任总负责人并设有樱之会秘书处的帝国宾馆。从中我们会看到,在明治、大正时期,在日本为追求近代化和强大国力而一路疾驰的过程中,引领这一发展的当时政府和民间的强有力的领导者们也都认识到樱花未得到应有的重视,并想要为此做出一些努力。

然而,这一"良好的意愿"不久之后便被最终发展为第二次世界大战的军国主义狂潮所吞没,樱花最终沦为推动军国主义的工具……

樱之会是由林爱作牵头,发动东京的政府官员、财经界人士、学者、华族中的相关人士等,于1917年创立的一个组织,目的在于保护日本的樱花,向日本国民推广和

樱格拉姆

普及有关樱花的知识。

帝国宾馆开业于 1890 年，由明治时期大力推进欧化政策的第一届伊藤博文内阁的外相井上馨（1835[①]—1915）委托实力雄厚的实业家涩泽荣一（1840—1931）创建，目的在于使东京拥有一座与鹿鸣馆[②]有密切关系的宾馆。涩泽在江户末期曾任幕府官员，明治维新以后由大藏省[③]官员转型为实业家，参与创办并经营了日本第一家银行——第一国立银行——和东京证券交易所等多家企业，在新生的日本经济界是一位中流砥柱式的领军人物。

帝国宾馆起初聘请了德国人和瑞士人作为总负责人进行经营，但很不顺利，在 1909 年陷入开业以后最严重的经营危机，为重振经营而首次决定聘用日本人担任总负责人。被涩泽荣一选中的，便是当时在纽约的日本古美术商会干得风生水起的林爱作。[6]

林爱作在 1909 年就任帝国宾馆总负责人后，聘请他在美国结识的建筑师弗兰克·劳埃德·赖特（Frank Lloyd Wright, 1867—1959）进行新馆（赖特馆）的建设，但最

[①] 原文如此，但据查井上馨生年应为 1936 年。
[②] 作为明治维新后欧化政策的一环，于明治十六年（1883）建于东京的一所类似沙龙的西式会馆，用于接待国宾及外国的外交官员等，是日本上层人士进行外交活动的重要场所。
[③] 平成十三年（2001）改称财务省。

第二章 赴日"寻樱之旅"——日本樱花面临危机

终因预算大幅超支而于1922年引咎辞去了总负责人的职务。

林爱作任总负责人期间接触过许多欧美人，当时正值"日本主义"在欧美流行的极盛时期，他所接触的欧美人士无一例外地向他提出过关于樱花的问题，因不知如何作答而为难的林爱作与私交甚笃的东京市公园科技师井下清（1884—1973）商议后，决定成立一个学习樱花相关知识的学习会，这便是樱之会成立的开端。

井下后来曾长期担任东京市公园科科长，还负责过关东大地震的灾后重建工作。顺便提一句，陪同英格拉姆前往小金井堤参观的相川要一，是井下手下一名负责管理樱花的技师。

当时，由东京市在明治后期作为日美友好的见证赠送给美国华盛顿的日本樱花被种在了波托马克河河畔，一时成为佳话，日本国民对于樱花的关注也随之高涨。

林爱作和井下向涩泽荣一提出创立该会的想法后，涩泽立即表示赞同并承诺为之筹措资金。这件事情又由涩泽转达给曾任综合商社三井物产首任社长的益田孝（1848—1938）、与涩泽共同参与创立了帝国宾馆的实业家大仓喜八郎（1837—1928）、后来成为帝国生命保险会社社长的朝吹常吉（1877—1955）、作为大藏省官员参与筹措中日甲午战争和日俄战争军费并在之后担任大藏大臣

樱格拉姆

的阪谷芳郎（1863—1941）等人，这些实力派人物全都对建会表示赞同。这一动向与想要保护日渐消失的日本樱花的船津静作和东京帝大教授三好学等人的想法不谋而合，樱之会的成立工作一帆风顺地开展起来。会长由涩泽荣一担任，董事为三好、林、井下等，秘书处则应林的请求设在了帝国宾馆内。

1917年4月23日，在帝国宾馆尚未完工的新馆"赖特馆"的大会客厅里，约20人会聚一堂，举行了盛大的初次集会。会场中有43个品种的樱花枝条插在花瓶中进行展示，还陈列着一些樱花标本和相关书籍。[7]自此以后每年4月都会举行例会，从翌年开始每年还发行一期会刊《樱》。虽说有财经界人士的支持，但该会的实际运营管理主要是由三好，以及牧师兼文学家户川安宅（1855—1924）等人负责的。然而随着时局的变化，这些活动渐渐难以为继，到第二次世界大战中的1943年前后便自然消亡了。

据英格拉姆日记记载，在1926年的集会上，会场中除了与初次集会时一样展出了"涡樱""松月"等许多樱花及照片、画作外，还陈列了"关山""御车返"等樱花盆景。

由于报纸上事先报道了英格拉姆会发表演讲，所以其内容备受关注，集会来了约150人。英格拉姆在4月27

日的日记中写道:"得知我要演讲,这几日有好几位报社记者和摄影师来采访。"

英格拉姆保留着其中一份《国民新闻》上的报道,报道的标题是《对保护樱花国人反应冷淡 为寻访樱花美国鸟类博士访日》,还刊载着一张照片,旁边的解说文字是"在帝国宾馆赏樱的英格拉姆博士"。"美国博士"这一表述显然是错误的。报道传达了英格拉姆"希望日本人更加爱护樱花"的愿望。

英格拉姆的警告

集会一开始先由三好学致辞:

> 今天的集会有幸请到自英国远道而来的研究樱花的科林伍德·英格拉姆先生为我们演讲。(中略)在英国,樱花并不太流行,如玫瑰之流者甚得大众欣赏喜爱,樱花则少有人感兴趣。英格拉姆先生却搜集了许多日本樱花,在自家庭院中加以培植、倍加爱护,并不远千里来到日本进行研究。这一点使我感到日本樱花在海外也拥有了爱护者,内心深受鼓舞。[8]

接下来由鹰司信辅对英格拉姆进行介绍。

樱格拉姆

然后终于轮到英格拉姆出场了。翻译由林担任，英格拉姆先说了一句开场白："我数次坚辞，仍是盛情难却，所以打算坦率地谈谈自己的感想。"言毕便开门见山道："从日本的公园等处所植樱树的大小和品质来看，多数生长发育不良且病虫害蔓延，令我十分失望。"接着又提出："日本的樱花为何在英国比在本土长得更加健康呢？"并给出了他所能想到的三个原因。

一是日本嫁接樱花时所用的砧木是寿命短且品质差的真樱①，二是种植樱花时不使用树苗而使用已成年的树，三是在同一个地点连续多代种植樱花。

对于当时日本城市里所能见到的樱花不甚健康这一状况，三好在英格拉姆之前的致辞中也已提到并承认这是事实。他说，"日本的樱花有许多真是满目伤痕、令人十分心痛。（略）日本赠予美国的樱花被种在华盛顿波托马克的公园里，因为得到了很好的照顾，总是有人为它们捉虫、爱护它们，结果长得比我们在日本看到的更加高大繁茂。在土生土长的日本伤残破败，移到外国去的反倒比本土的长得高大健壮，现在就是这样一种内外颠倒的状况"。

---

① 学名 Cerasus 'Multiplex'，原产日本，现多用作砧木。

第二章 赴日"寻樱之旅"——日本樱花面临危机

当时正急于实现近代化的日本恐怕是没有精力连爱护樱花这样的事情也顾及到吧。尤其是在 1926 年那个时候，日本正在全力以赴为三年前发生的关东大地震进行灾后重建工作，东京周边的景观建设正夜以继日地进行着。如我们后面将会看到的那样，当时大批量种植染井吉野，但由于急于求成，使用的苗木并非健康的树苗，而是看上去比较美观的成年树木。而且樱花有"忌地现象"，如果在同一个地方连续数代种植，长势便会衰弱，因此需避免这种情况。这一点在今天已是常识，但在当时，人们不管三七二十一，只优先考虑景观，所以可能顾不了那么多吧。总之，英格拉姆就是表达了这样一番感想。

并且他提出了一个严峻的警告。

> 最后，我想就不太受一般大众青睐的多个品种的樱花谈几句。在很早以前日本尚未被西洋民族的喧嚣侵扰、尚未失去审美感觉的那些时代，贵国人民通过精心的培育和不懈的努力，开发出多得令人惊叹的樱花品种。然而近年来，不仅没有任何为改良这些品种而做出的努力，还有许多品种面临严重的灭绝危机，若非有樱之会的诸位这样很少的一批人，以令人感动的保护精神来保护樱花的话，诸位的祖先以那般深厚的爱意培养出来的绝大部分樱花将会在 50 年后永远

樱格拉姆

消失，我想这样说丝毫也不夸张吧。

会场内鸦雀无声。英格拉姆继续说道：

在我英国的宅院里至少有两种美丽的樱花是我在日本不曾看到的。如果能使它们重新回到日本的土地上，于我而言不仅是最值得自豪的功绩，也能报答我的庭院因种植了美丽的日本樱花才得以诞生的这份恩情。我想搜集尽可能多的品种，为此得到了众多日本友人的慷慨帮助，对此我表示衷心的感谢。

英格拉姆想使之重返故乡的"两种美丽的樱花"，指的是后文将会介绍的"太白"和"大黑"。

英格拉姆这次演讲的草稿似乎是在帝国宾馆他的房间里写成的，这份写在印有宾馆名称的信笺上的手稿留存至今。

第三章 "樱格拉姆"的诞生

接穗从日本寄到

英格拉姆结束寻樱之旅回到英国后的 1926 年冬天，他在日本各地托人邮寄的许多樱花接穗被陆续寄到了肯特郡的格兰奇。

横滨植木商会、京都的劝修寺经雄、小金井街道的苗木商矶村、山梨县上吉田的"独腿退伍军人"……他们全都按照与英格拉姆的约定，趁冬季樱树休眠时剪下接穗，在切口处裹上湿润的青苔等以防水分散失，然后打包通过海运寄给了他。

此外，英格拉姆还在回到英国后与樱花名士船津静作联系，请他寄送荒川堤的樱花接穗。船津留下的有关樱花的笔记和资料现由江北村历史传承会保管，据该会介绍，该年 11 月船津的笔记中有这样的记载："英国的英格拉

樱格拉姆

姆先生请求寄送接穗，想要的品种为'一叶''驹系''弁殿'①'白雪''福禄寿''手球''松月'。"

这些接穗在翌年即 1927 年 3 月上旬由樱之会寄给了英格拉姆，(1) 共计 7 种 30 根。就这样，荒川堤的一部分樱花漂洋过海来到了英国。

除此之外，樱之会的林爱作也给英格拉姆寄了樱花接穗。现存有林爱作在翌年即 1928 年 2 月 9 日写给英格拉姆的信，信中说"（接穗）寄得晚了，不过终于准备好了"，写明包裹内容是小金井街道的 4 种 "山樱" 接穗共 51 根，还有 "富士见樱"(2)、"富士樱（豆樱）" 接穗 15 根，共计 66 根。

采集接穗的是英格拉姆访日时带他去小金井参观的东京市政府公园科技师相川要一。相川特意在严寒的日子前往现场，精心挑选并采集了优质的枝条。

林爱作在信中写道：

> 接穗会在明天装上日本邮船株式会社的"三岛丸"，经温哥华运往英国。

"三岛丸"是当时日本邮船株式会社引以为傲的开往

---

① 学名 Cerasus serrulata 'Rubida'。

第三章 "樱格拉姆"的诞生

欧洲的豪华客轮。据说"三岛丸"投入运营后,日本厨师在欧洲航班上开发出来的"咖喱炒饭"大受欢迎,还有现已成为固定菜品的"咖喱配福神酱菜"① 也诞生于船上。(3)

寄往英国的樱花接穗乘坐象征着处于现代国家黎明期的日本的豪华客船,被珍而重之地运了过去。

但樱花毕竟是活物,在这许多寄出的接穗中,也有些未能经受住一个多月的海上之旅而枯死的,仙台的垂枝樱便是其中之一。

英格拉姆在仙台探访了垂枝樱的名胜地榴冈公园,为其中一种深红色的八重樱"八重红垂枝"所倾倒,并拜托该园寄送接穗。当年冬天接穗寄到了格兰奇,但英格拉姆打开包装一看,接穗已全都枯死了。

> 这是我在日本所见垂枝樱中最美的一种。看来垂枝樱纤细的枝条无法经受长途旅行。
>
> (《皇家园艺协会纪要》,1929)

遗憾之情溢于纸上。

---

① 日文名「カレーと福神漬け」,是1885年创制的东京名菜。福神酱菜因将七种材料比作日本传说中的七福神而得名,做法是将萝卜、茄子、瓜、刀豆、紫苏、藕、香菇切碎加甜料酒、酱油腌渍后煮干。

樱格拉姆

这一时期的英格拉姆继续从他刚开始搜集樱花时所结识的美国苗木商及植物园那里获得新的接穗，并与他们保持频繁的信息交流。

他与加利福尼亚的沃尔特·B.克拉克以及纽约的克拉伦斯·麦肯齐的往来信件有很多都留存了下来，从中可以看出，起初是英格拉姆寄出的请求购买樱花的信件比较多，后来则变成对方写给英格拉姆征询关于樱花的建议的更多。由此可以看到英格拉姆作为一名樱花专家逐渐积累起业绩、树立起名望的过程。

比如麦肯齐在1930年代后半期常常写信给英格拉姆求教樱花的品种。在1938年10月31日的信中，他对英格拉姆详尽的说明表示了感谢，并写道："您说将把自己拥有的品种中在美国难以买到的几种接穗寄来，对此我发自内心地感激。"

可见，英格拉姆不仅向美国的樱花相关人士传授自己关于樱花的知识，还采集了格兰奇的樱花接穗和种子，无偿赠送给他们。

与生前的英格拉姆有过接触的人都说他总是慷慨地将自己院中的植物赠送给别人，但没想到他甚至还分给国外的苗木商。可以说，正是这样一种毫不吝惜的姿态为日本樱花在全世界的普及做出了贡献。

在英格拉姆留下的书信中，还有与华盛顿的美国农业部植物负责人保罗·罗素（Paul Russell）的往来信件。美国农业部似乎因参与在波托马克河河畔的樱花种植工作而开展了樱花研究，罗素在1931年1月28日的信中请求英格拉姆"寄送'白普贤''浅野''奥都'的接穗以供研究之用"。

此外，曾为英国殖民地的不列颠哥伦比亚省（British Columbia，现属加拿大）首府维多利亚市的公园科曾在1938年12月13日写信给英格拉姆，向他咨询"市内人行道想种上樱花之类会开花的树，哪个品种合适"。

> 英格拉姆先生是目前世界上樱花研究方面最伟大的权威人士之一。

诺特卡特（R. C. Knotcut）在1935年写给杂志的文章中这样评价英格拉姆[4]。诺特卡特是英国最古老的苗木公司之一"诺特卡特苗圃"（Knotcut's Nursery）的经营者，这个苗圃位于英国东北部的城市诺里奇（Norwich）。文章中说"英格拉姆先生进行了许多尝试，以找到让日本樱花在英国长得最好的方法"，并介绍说其中一种方法是在嫁接时使用英国原产的野生果树欧洲甜樱桃作为砧木。

> 他把在日本嫁接的樱树和自己嫁接在欧洲甜樱桃

樱格拉姆

上的樱树并排种植进行了观察，确定自己嫁接的树长得要大得多、健壮得多。

通过使用原产树种进行嫁接，日本的樱花更好地适应了英国的气候和水土。就这样，在繁殖樱花时使用欧洲甜樱桃作为砧木的习惯在全英国的苗木商中普及开来。

每当樱园有新的樱花开放，英格拉姆就会仔细观察，通过素描记下它们的花序类型、颜色和形状，并确定其品种名称。如第一章所述，当时樱花的品种名称相当混乱，因而确定名称不是件容易的事。

1929年，英格拉姆在《皇家园艺协会纪要》上发表了"樱花辞典"的第二篇《关于日本樱花的记录－Ⅱ》（"Notes on Japanese Cherries－Ⅱ"）。

樱园中的樱花在他访日前便已超过100种，之后数量仍在不断增加，不过第二篇只论及当时已确定名称的59个品种，其中包括在寻樱之旅中发现的"浅野"和从日本首次引进英国的"妹背""手弱女"等。

文中说明："我的院中除此之外还有很多樱花，但因为尚未开花，所以无法确定名称。""樱花辞典"的第二篇中融入了大量关于寻樱之旅的记述和感想，内容十分生动有趣。

在这篇论文中，英格拉姆对许多栽培品种的樱花在日本濒临灭绝一事发出警告。他在引言中转述了据说是日本某外交官所说的这样一段话：

> 这位外交官说："在我们日本人致力于发展文化和艺术的时代，我们被西洋称作'野蛮人'；然而，在国力增强、拥有了杀伤别国人民的军事力量的今天，日本却被评价为'变得文明了'。"

英格拉姆说："我怀念这位外交官所说的那个野蛮的时代，那时这个东洋的国度有着卓越的艺术和园艺文化，日本人创造出绚丽多样的樱花。然而，现在商业主义和军事至上主义取代了艺术文化而大肆蔓延。"他接着写道："许多樱花面临灭绝的危机，但幸运的是，我的院中还留存着一些在日本已经灭绝的品种。"这表现出他对格兰奇的樱园能为保存日本珍贵的樱花做出贡献而深感自豪的心情。

开发新品种

格兰奇的樱园里有时会有新的樱花品种诞生。

英格拉姆不仅到处搜集接穗，还四处搜罗樱花的种子。用这些种子培育出来的樱花，有时会出乎意料地长成前所未有的新品种。这是因为种子的亲代碰巧是两个不同

樱格拉姆

的品种，所以通过自然杂交产生了新的樱花品种。

由于樱花具有一种在同一棵树的雌蕊和雄蕊之间无法授粉的性质（即自交不亲和性），所以如果得不到其他树的花粉便不能结种，而如果授的花粉是其他品种的，则会结出新品种的种子。

当樱园出现这样的新品种时，英格拉姆便会对花的颜色和形状等进行观察，以推测它是哪两种樱花的后代，这是他的一大乐事。

> 新的樱花多数会呈现出恰好介于其父本和母本之间的特征，所以判定它们的亲代是很容易的。[5]

据他说，樱园已判定"豆樱（富士樱）与大岛樱的杂交种"等6个新品种。

不知不觉间，樱园里不同品种的樱花也通过自然杂交产生了新品种。

4月的一天，樱园的一棵树开出了雪白的大朵樱花，很快开满整个树冠。从特征上来看，这显然是由开大朵白花的"大岛樱"与开小花的"豆樱"杂交产生的。英格拉姆觉得它看上去仿佛是不怎么高大的树上飞舞着许多海鸥，于是将它用日语命名为"黑尾鸥"。

"黑尾鸥"至今仍作为行道树在英国各地种植，并被

第三章 "樱格拉姆"的诞生

英国皇家园艺协会的园林和邱园等广泛使用。

"樱花竟如此容易自然杂交"——目睹"黑尾鸥"在樱园中诞生的一幕，英格拉姆想要试着自己为它们杂交。英格拉姆对樱花的热情终于发展到了创造新品种的阶段。

但人工杂交就像赌博一样，基本上会以失败告终。对两种樱花进行杂交后，采集种子撒到土里，然后等待数年，直至它长成大树并开花。大多数情况下，即使好不容易等到开花，也会发现花朵并非预期的那样美丽而大失所望。一次又一次"望眼欲穿地等了好几年，结果在花开的那一天希望落空"。

英格拉姆所设计的人工杂交手法极尽精细。首先将母本进行盆栽培植，并将花盆放在温室里以避免沾上其他樱花的花粉。母本植株开花后，在盛开之前选择几朵留用，用刺绣用的前端尖细的剪刀将雄蕊顶端的花药（里面生有花粉的囊状部分）全部剪掉，同时将不用于杂交的其他花朵全部剪掉，保持这一状态直至雌蕊长到可以授粉的程度，并在适当的时间用取自父本植株的花粉为之授粉。此时在花粉的处理上要倍加小心，因为樱花的开花时间因品种而异，所以要将开花早的樱花花粉杂交给开花晚的樱花雌蕊时，必须将采集的花粉保存一段时间。

英格拉姆的目标是将开在 2 月的"寒绯樱"和 4 月才开的"豆樱（富士樱）"进行杂交。"寒绯樱"是开在冲绳

樱格拉姆

等温暖地区的一种明艳的红色樱花,"豆樱"则多见于富士山周围地区,小巧可爱却十分健壮。英格拉姆想要通过这两种樱花的杂交创造出一种又健壮又美丽的樱花来。

"寒绯樱"需要温暖的环境,当时英格拉姆的樱园里没有这种樱花,所以要从皇家植物园邱园的温室里的植株上采集花粉。他在2月下旬从植物园采集了"寒绯樱"的花粉,放在空保温瓶里保存。瓶中保持着一定温度和完全干燥的状态,使花粉的生殖能力保持了八九周。到了4月,"豆樱"方面的准备做好后,便将花粉从保温瓶中取出进行了杂交。

这样培植出来的便是"阿龟樱"[①]。"阿龟樱"的花期为3月中旬,正好在"寒绯樱"和"豆樱"之间,开出的花朵如满天繁星般多得数不清,每朵花都像"豆樱"一样向下垂着,小巧可爱,花瓣的颜色是混合了"寒绯樱"那种红的桃红色,从外部保护着花瓣的萼片则是鲜红色。植株低矮,给人纤弱的感觉,实际却十分健壮,而且外观优雅,十分漂亮。

"阿龟樱"宁静典雅的美,也许不适合喜爱"关山樱"那种艳丽樱花的人,但对于懂得优雅而不矫

[①] 学名 Cerasus 'Okame',又称"美人樱"。日语中的"阿龟"为女丑角的面具,其眼角下垂、胖脸颊,由狂言面具变化而来;又指胖脸丑女。

第三章 "樱格拉姆"的诞生

饰的含蓄美的人来说,却是最适合不过的。

英格拉姆日后这样写道。(6)

"阿龟樱"因植株较小,所以也适合种在普通人家的院子里,直至今日仍是英国人十分喜爱的一种樱花,还被引进日本。

还有一种由英格拉姆成功杂交并广受喜爱的樱花是"千岛大山樱"①,由"寒绯樱"和分布于千岛群岛的"千岛樱"杂交而成。

"千岛大山樱"的花仿佛是在"千岛樱"那少女般清纯的白色花瓣里注入了"寒绯樱"那艳丽的红色管状花朵的精魂,有种独特的妩媚风情,堪称杰作。日本列岛北端与南端的樱花自然杂交的可能性等于零,英格拉姆用自己的双手培育出了独特的樱花。"千岛大山樱"后来也被引进日本。

就这样,格兰奇的樱园中每年春天都有新品种的樱花盛开。各式各样的樱花一种接一种地次第绽放,不同品种的樱花开花时间也略有差别,3月中旬"阿龟樱"率先开放,接着是"丁字樱"(chojizakura)、"豆樱"等野生品种,然后是众多栽培品种开花的4月高峰期,各种重瓣樱

---

① 学名 cerasus 'kursar'。一说由"千岛樱"和"大山樱"杂交而成,参见 http://www.hananokai.or.jp/sakura-zukan/yp_szukan/d/113.html。

樱格拉姆

花竞相开放，直至 5 月。"菊樱"在 5 月中旬盛开，迟开的"松月"和"普贤象"则一直开到 5 月末。花期连绵不断，而且花的颜色和形状各异，正如一场个性十足的华丽的樱花表演赛。到了秋天，繁花落尽，树叶变成美丽的红色；红叶过后则有晚秋至冬季开花的"十月樱"凌寒怒放，为冬季萧瑟的樱园增添了一抹色彩。

在英格拉姆居住的肯特郡博耐顿，他的樱园有了名气。不知从何时起，当地居民开始称他为"樱格拉姆"。

博耐顿的樱园

> 樱花盛开的时节，樱园里的景象真是令人如痴如醉，简直像童话世界一样。

帕特里夏·索伯恩（Patricia Thoburn，89 岁）这样回忆道。她在博耐顿土生土长，如今仍住在村子里。因为父亲休（Hugh）与英格拉姆私交很好，所以两家人之间过从甚密。

> 我每次走进格兰奇的大门，都不禁为樱花的美发出"啊——"的赞叹声，仿佛被精灵带入了另一个国度一般。

第三章 "樱格拉姆"的诞生

她的父亲休是一名成功的金融机构老板,财力雄厚,一家人于 1935 年在博耐顿买下了几座相邻的旧农舍和四周的农田,将其改建成气派的大宅后搬了进去。休在主业之余还爱好园艺,与住在几分钟车程外的英格拉姆很快成为好友,经常往来,交换植物的种子和树木接穗。他的独生女儿帕特里夏经常和父母一起访问格兰奇,与英格拉姆最小的女儿、比她大 9 岁的塞尔西娅也成了朋友。"英格拉姆上尉(她这样称呼他)对人喜恶分明,对于那些不明事理的人很不客气,但对于喜欢花草树木的人真的是十分热情,经常将自己院中的植物分给他们。"

终生独身的帕特里夏虽已年届 90 却仍精神矍铄,一个人生活在宅子里。我于 2014 年 10 月为了采访而去她家中拜访时,看到宽敞的花园中立着一棵枝繁叶茂的"关山樱"。她说这是五六十年前的某日,她在格兰奇的院子里看到英格拉姆正要将一棵带根的"关山樱"树苗烧掉,便和母亲一起将树苗要来种在自家花园里的。

> 上尉讨厌艳丽的"关山樱",这棵侥幸捡回一条性命的小树在我家已经长得这么大了。

帕特里夏隔着窗户指着那棵高大的"关山樱",一边回想着当时的情景,一边愉快地笑了起来。

樱格拉姆

在博耐顿，第一次世界大战后，村子的保护人罗瑟米尔子爵将庞大的资产分割出售（参见第一章），因这里距离伦敦不是很远、交通方便，且绿意葱茏、自然环境优越，许多富人阶级被吸引来此购买住宅和土地。这里不仅修建了铁路，私家车和电话也开始普及，以伦敦及其他地区为主要业务范围的人移居博耐顿或在博耐顿置办别墅已成为可能。英格拉姆便是这些新加入者中的一个，索伯恩一家比他稍晚一些也搬到了村子里。

此外，还有很多从第一次世界大战中生还的上校级[①]退伍军官移居于此，博耐顿兴起了一股住宅建设的热潮。第一次世界大战前始终处于单一保护人的管理之下、几乎所有居民都是农民的博耐顿，正经历着一场巨大的社会结构的变化。

另外，由于大战后的农业萧条，当地农民失去了工作，一部分人受雇成为新兴富裕阶层的园丁或司机，女性中则有人成为保姆。不久，村子里建起综合性医院和全寄宿制私立女子中学，出现了新的就业机会。

但是以英国国教会[②]的教堂为中心形成的原有的农村

[①] 原文作"大佐"。"大佐"为日军第二次世界大战前军衔，当时日军军官采取九等制，即将、佐、尉，又各分大、中、少，其中大佐相当于或高于上校。

[②] 又名圣公会（Anglican Church）。

第三章 "樱格拉姆"的诞生

教区（parish）就那样原封不动地作为行政区保留了下来，再加上外来的新居民，博耐顿逐渐形成了新的社区。

新社区的核心仍是教会，居民们通过参加星期日礼拜，以及由教会的妇女会和青年会主办的聚会及活动等进行交流。矗立在村子中心的教区教堂"圣乔治教堂"前面，有一片开阔的三角形草地，被称作"博耐顿绿地"（Benenden Green），居民们的住宅便分布在教堂和这个三角形区域的周围，附近还有小学。

博耐顿绿地除举办教会的慈善义卖会等活动外，还会在夏天的傍晚举行板球比赛等，是居民们休闲的场所，这里呈现了大战结束后和平宁静的居民生活景象。[7]

格兰奇位于社区的中心地带，花园南端与教堂区域相连，穿过庭院走出后门便到了教堂。英格拉姆的四个孩子全都按照英国富人阶层的习惯，从8岁开始便进了全寄宿制的学校，平时不在家中。但当他们放假回家的时候，妈妈弗洛伦丝便会在每个周日带着他们穿过花园上教堂去。

英格拉姆的一天从早上6点开始。他起床后第一件事便是去外面看樱园和花园里的花。

> 他会非常仔细地一棵樱树、一棵樱树地看过去，他总是穿着方便干农活的外套和长裤，口袋里永远装着铁铲和园艺剪刀。

樱格拉姆

住在格兰奇区域内一幢小屋里的露丝·托尔赫斯特（Ruthe Tolhurst, 89岁）在接受我采访时这样说道。

> 他的夫人弗洛伦丝总是穿着精致的洋装，打扮得漂漂亮亮的，他却完全不修边幅，头发也是乱七八糟的。他只要能在院子里侍弄花草，其他事情一概无所谓！

她说着哈哈大笑起来。

英格拉姆对穿着打扮毫不在意这一点，在她的外孙女希瑟·鲍耶口中也得到了证实。希瑟告诉我，外祖父竟穿着干农活的外套出现在她的婚礼上，让大家目瞪口呆。

露丝·托尔赫斯特的父亲艾伯特·斯坦纳德（Albert Stannard）在英格拉姆一家住在西门的时候就开始为他们一家做照料马匹等工作，后来也参加了第一次世界大战并生还。在英格拉姆购入格兰奇和大片农田后，斯坦纳德被安排在宅地内的一间小屋居住，成为农场的工作人员，饲养奶牛，制作新鲜的牛奶和奶油送给英格拉姆。此外，他因擅长机械，所以也为英格拉姆修理汽车等。托尔赫斯特1926年在这个小屋里出生，就在英格拉姆一家的近旁长大，结婚拥有自己的家庭后一度离开这里到别的地方居住，但后来母亲去世，父亲变成了孤零零一个人，她便在

89

第三章 "樱格拉姆"的诞生

三个孩子都独立之后与丈夫一同搬回了小屋。如今父亲和丈夫也已去世，只剩她一个人生活，但她说自己在少女时代曾向英格拉姆学过侍弄花草树木的方法，喜欢上了园艺，所以现在虽然上了年纪，仍是喜欢在小小的院子里种些天竺葵和大丽花，自得其乐。

她说英格拉姆生前在院子里时，自己总是能很轻松地跟他交谈，但当他在温室里的时候，却不太敢跟他说话。

> 他在温室里，跪坐在地上，手里拿着剪刀，一脸严肃地干着什么。一定是在进行樱花的杂交吧，因为有种全神贯注又十分紧张的感觉。

她说英格拉姆常常在格兰奇顶层的书房里一待就是很长时间。

> 书房里什么样的书都有，地板上总是到处散落着书和资料。

英格拉姆一生出版了关于鸟类和樱花的书籍、游记等共6本（加上晚年最后自费出版的那本为7本），还为杂志写了无数报道，所有这些都是在这个书房里诞生的。

英格拉姆平时总是热衷于自己喜欢的事情，心无旁骛

樱格拉姆

地埋头其中，但当他呕心沥血培育的树木和人工杂交的樱花初次开花的时候，他却会热切地想要与人分享喜悦。

　　他会"咚咚咚"地猛敲我家小屋的门，大声喊："新的樱花开花了，马上来看！"我把手里的家务活一扔就赶紧飞奔过去了。

　　"被迫"赏花的不止托尔赫斯特一人，曾在英格拉姆年老体衰时替他培植樱花的花匠、现住博耐顿的彼得·凯利特（Peter Kellett，78岁）也是一位。他说自己一接到英格拉姆"樱花开了，快来看"的电话，就会赶紧跳上他跑业务用的厢式货车，飞驰向约15分钟车程以外的格兰奇。

推广樱花

　　让别人了解自己庭院中樱花的美丽，与别人分享观赏它们的乐趣，这似乎是英格拉姆最大的快乐，他定期对外开放樱园。

　　在那时的英国社会，政府借着国民中兴起的园艺热潮开展了一项名为"国家园林计划"（The National Garden Scheme）的事业，即把个人引以为傲的花园向大众开放并收取少量的入场费，所得收益用于培养护士，可以说是一项慈善事业。英格拉姆从很早开始就参与其中。

该事业发端于利物浦的政治家、企业家兼慈善家威廉·拉斯伯恩（William Rathbone，1819—1902）的社会活动。他在医疗制度尚不完善的19世纪中期，自发地培养护士派往贫困地区。他的这一活动后来扩展到全国，由志愿者建立起一个管理机构并于1926年为筹措活动经费而启动了这项开放花园的计划。

英格拉姆宅内的樱园一对外开放，便有许多人为观赏在英国尚属稀罕的日本樱花而来到格兰奇，据说其中还有从相当远的地方来"赏花"的人。

在阶级制度根深蒂固的英国，长期以来有个传统，认为属于特权阶级的上流阶级和富裕阶层有义务用财富回馈大众社会（noblesse oblige①）。因而英格拉姆还将开放樱园的收益捐赠给各种慈善团体。

英格拉姆有时还会邀请苗木商到他的花园来举行交流会。英国中部伍斯特郡的"弗兰克·P. 马修斯公司"（Frank P. Matthews Ltd）创立于1901年，是英国最大的苗木批发公司之一，每年向全国的园艺中心批发50万棵树木，包括大量日本樱花，品种除"郁金""一叶""天之川"等之外，还有"黑尾鸥""浅野""太白"等许多

---

① 贵族义务，意为"位高则任重"。

樱格拉姆

由英格拉姆参与培育的品种。

> 我父亲安德鲁在经营这个企业的 1950 年代，曾应英格拉姆之邀去过格兰奇。

现在的第三代经营者尼克·邓恩（Nick Dunn，63岁）在 2015 年 4 月接受我电话采访时这样说道。他父亲安德鲁曾与合伙经营该公司的弟弟一道参加过格兰奇举办的交流会，据说当时还去了很多其他地区的苗木商，英格拉姆把樱园的樱花接穗无偿发放给想要的人。

> 他（英格拉姆）似乎完全没有生意头脑。

苗木商们将接穗带回去后进行了培育、繁殖和销售。就这样，许多日本樱花从格兰奇传播到了整个英国。"妹背""手弱女""九重樱""丁字樱"等由英格拉姆首次引进英国的品种最终多达约 50 种，全都是从格兰奇普及开来的。

英格拉姆还多次参加创立于 19 世纪初的皇家园艺协会举办的各种花展（花卉品评会），展出了许多樱花，共获得优胜奖 15 次。[8] 皇家园艺协会在英格拉姆生前每年都举行很多次花展，他开发的"黑尾鸥""阿龟樱""千岛

第三章 "樱格拉姆"的诞生

大山樱"都获得了优胜奖。花展上有来自全国各地的苗木商,因而英格拉姆的樱花也从这里传播到了各地。

"樱格拉姆"这个名字已变得广为人知,英格拉姆当之无愧地确立起了"樱花研究权威"的地位。

英格拉姆拥有一个强大的园艺界人士及园艺同好者的人际网络,这一网络不仅在他开始搜集樱花的初期发挥了作用,而且在其整个研究生涯中都为樱园的发展做出了贡献。

这个网络中的一环,便是创立于1920年的"花园协会"(Garden Society)俱乐部。这是当时伦敦盛行的众多"仅限男士"的私人俱乐部之一,成员均为富有的绅士。

私人俱乐部从19世纪后半期开始出现,一度在伦敦多达400个以上。由于其高度的私密性和专属性,几乎没有什么相关资料留存下来,但大体上是一些在旅行、科学、艺术等方面具有相同爱好的有钱的业余人士,付着高昂的会费定期在会员制的俱乐部会所或高级饭店举行聚会、互相交换信息,是象征着万国来朝的世界中心——维多利亚时代的大英帝国——的一种华丽豪奢的聚会。

花园协会的建立,是在爱德华七世之后的国王乔治五世(1910~1936年在位)统治的时代、第一次世界大战结束后不久的时候。

第一章中曾提到,第一次世界大战后英国内外都经历了巨大的社会变化。在国内，1918年男子获得普选权，30岁以上妇女获得参政权，并且从战前开始兴起的工人运动再度高涨，工党力量飞速增强，1923年建立起英国历史上第一个工党政权，虽然只持续了很短时间。而在各殖民地国家，民族独立运动风起云涌，大英帝国开始走向衰败。

尽管如此，富裕阶级在这样的变化之中仍维持着其特权，英格拉姆也充分享受着富裕绅士们的俱乐部所带来的快乐。花园协会的成员仅限40名（后扩大至50名），每人府上都有大面积的花园，并对花草树木有着相当广博的知识。协会名义上的赞助人是伊丽莎白王太后①。

这一时期英国仍在不断从世界各国搜罗和引进各种植物。协会每年聚会两次，分别在5月的切尔西花展首日和皇家园艺协会举行集会的11月，会员们在伦敦的高级饭店一边共进晚餐，一边就各自带来的新引进英国的珍稀植物交换信息，并互相交换植物。(9)

在协会中，英格拉姆结识了当时比较有名的主要的园艺界人士，其中便有雷金纳德·科里（Reginald Cory，1871—1934）和劳伦斯·约翰斯顿（Lowrence Johnston，

---

① 即乔治六世的夫人、现英女王伊丽莎白二世的母亲，她自1952年起被称为"王太后"。

1871—1958)。前者建造了至今仍享有盛名的威尔士的达夫林花园（Dyffryn Gardens），后者则设计了广受包括日本人在内的游客喜爱的著名英式园林——科茨沃尔德（Cotswolds）西部的希德科特庄园花园（Hidcote Manor Garden）。

通过这个协会，英格拉姆向其他会员推广了樱花，并从他们那里获得了自己没有的植物。

英格拉姆与著名女作家维塔·萨克维尔-韦斯特（Vita Sackville-West，1892—1962）关系也很好。后者十分热衷于建造花园，并以修建了肯特郡的西辛赫斯特城堡花园（Sissinghurst Castle Garden）而著名，但因性别关系不能加入花园协会。西辛赫斯特距离英格拉姆居住的博耐顿很近，只有10分钟左右车程，二人时常往来并交换植物。

关于英格拉姆与宗教，这里需要稍微谈一谈。他在博耐顿当地作为樱花名士而著名，并曾在第二次世界大战中担任守卫后方的志愿者部队"乡土卫队"（Home Guard）的地区指挥官，在村子里具有重要地位，深受大家尊敬。然而，身处以基督教为基础建立起来的村庄社区中，他却没有作为信念的宗教，从不上教会。英格拉姆是个彻头彻尾的自然主义者，是达尔文进化论的信奉者。

在西欧社会，从古罗马时代开始，认为所有的生物都

樱格拉姆

是上帝创造的这样一种基督教教义便逐渐渗透整个社会并被人们信奉。然而到了近代，科学家们对此发起挑战，达尔文在19世纪中叶提出了进化论。当时宗教界对此提出激烈的反驳，"是神造还是进化"的论争持续了很长时间。

英格拉姆在他还是个鸟类研究者的时候便开始支持进化论，在后来付梓的《寻找野鸟》（*In Search of Birds*, 1966）的前言中，他写道，"如果相信达尔文的自然选择与适者生存理论，则鸟类特有的行为模式、本能及身体特征（在进化的过程中）应该都对其生存具有某种意义"，从中可明显看出他支持进化论的姿态。

杰索普·普赖斯（Jessop Price，1904—1976）在1957~1974年任博耐顿教区教堂"圣乔治教堂"的牧师，他的儿子安东尼·普赖斯（Antony Price，72岁）还记得父亲与英格拉姆时常就基督教和进化论进行争论的情景。

> 两人关系很好，两家人也常有往来，但只要父亲一督促英格拉姆去参加星期天的礼拜，英格拉姆就会反过来宣传进化论，想让身为牧师的父亲改变宗教信仰。

现住在英国西南部康沃尔郡的普赖斯在2015年春天接受我的电话采访时，边笑边这样说。这个十分有趣的小插曲表现出英格拉姆不懂妥协的顽固的一面。

第三章 "樱格拉姆"的诞生

普赖斯还说自己的母亲艾琳（Irene，1902—1997）是专业画家，对英格拉姆的樱花非常感兴趣，于是英格拉姆邀请她到樱园写生。艾琳留下的格兰奇樱花的油画至今仍装饰在普赖斯家中。

清纯的樱花，淫靡的樱花

这一时期，英格拉姆干劲十足地向园艺杂志等投了很多关于樱花的稿件，其祖父创刊的《伦敦新闻画报》也在1934年4月28日刊登了他的一篇关于樱花的长篇报道。[10]英格拉姆的二哥布鲁斯从1900年开始任该报总编，并在父亲威廉去世后继任社长。

这篇题为《樱花礼赞——日本人的忠诚心与爱国心的象征》的报道占了对开的两页，内含英格拉姆在寻樱之旅中拍摄的许多照片，如京都丸山公园的垂枝樱、吉野山的樱花、小金井街道的樱花风景，等等，排版精美，十分吸引眼球。

报道中说"日本从一千多年前的奈良时代开始便已出现栽培品种，树龄有数百年的樱花遍布全国各地，多到令人惊叹的栽培品种主要在江户时代被培育出来"，还介绍了吉野赏花的情景。

该文还指出，"樱花在日本不单单是观赏的对象，而

樱格拉姆

且自古以来便是诗歌和绘画等艺术作品的题材，也是国民忠诚与爱国心的象征"。他还举了《太平记》中的一段轶事作为具体例证：后醍醐天皇在1331年为推翻镰仓幕府而发动政变，史称"元弘之乱"；政变失败后，后醍醐天皇被流放隐岐，在流放途中，武将儿岛高德在天皇住处所植的樱花树干上题了一首汉诗来鼓励他。

前有浅野长矩（参见第二章），后有儿岛高德，看来英格拉姆很喜欢与武士和樱花有关的历史故事。他的樱园中还种着开纯白大朵重瓣樱花的"白妙"，他起初把它误当成了别的品种，以儿岛高德的姓氏将其命名为"儿岛"，并在"樱花词典"的第一篇中使用了这个名字，后来加以订正，改成了"白妙"。

另外，在一篇据考于1930年前后刊登在园艺杂志上的题为《日本樱花——致西式园林的最大馈赠》[11]的文章中，他就适合推荐给一般大众的樱花品种这样写道：

> 经常有人问我最喜欢什么樱花，这就像问一个母亲最喜欢自己的哪个孩子一样，每个孩子都有其不同的优点，要单单选出一个来很难。

英格拉姆在东京见到樱花名士船津静作时，形容船津投向荒川堤樱花的"目光就像一个抱着婴儿的母亲注视

第三章 "樱格拉姆"的诞生

自己的孩子那般温柔";而现在的他,也已把一棵棵倾注心血亲手培育的樱花当成自己的孩子一样。

尽管要选出某一种来很难,文章还是指出"可以从树的长势、花的大小、花序类型等方面来判断其优劣",并列出了长达5页的各种各样的"推荐品种"。

列在最前面的是野生樱花。他认为"'山樱''大山樱''江户彼岸'等野生品种在宁静优雅的同时兼具自由奔放之美",并写道,"'山樱'那农家少女般毫不造作的美令人心旷神怡"。在写下这句话时,他显然是想到了在京都见到的"浜口先生"所说的日本人最喜欢"山樱"朴素的美。

文章还谈及小金井街道的"山樱"行道树之美,并表示"希望英国也能种植野生品种的樱花作为行道树"。

在栽培品种中,他提到"植株长势好、花朵大的品种"时列出了"关山""太白""北斋""白普贤"等;其次,"有很高的观赏价值但长势略差的品种"有"手球""法轮寺""奥都"等;最后说,"观赏价值略逊但长势好的品种"有"染井吉野""上香"① 等。

对于"染井吉野",他表示"对这种花没什么强烈的印象",评价不是太高。

在英格拉姆进行寻樱之旅的1926年,"染井吉野"在日

---

① 日文名「上匂」,学名 Cerasus speciosa ' Affinis'。

樱格拉姆

本被大量种植,但值得注意的是,英格拉姆在这篇文章中回顾了当时在日本所看到的樱花后这样总结道:"京都和小金井的主流是'山樱',东京是'染井吉野',仙台一带是'江户彼岸'。"这说明虽然现在日本所种植的绝大多数是"染井吉野",但在那个时候,不同地区还是各有特点的。

英格拉姆欣赏和推荐的樱花不是单独一种,而是多种多样的。考虑到当时樱花尚未普及,他还在文章中写了许多细致而恳切的建议,比如"只要排水通畅,樱花不论在哪里都可以很好地生长,因此不必为种植的场所太过烦恼","樱花根部的特点是在土里扎得比较浅,所以种植的时候不要挖得太深",等等。

这篇文章里还加入了许多在日光、京都和小金井拍摄的照片,读着它,我的眼前浮现出当时的读者一边想象着充满异国风情的日本风光,一边考虑着要在自家院中也种上樱花的情景。

英格拉姆虽然各种樱花都喜爱,但正如帕特里夏·索伯恩所证实的那样,唯有红色重瓣的"关山樱",他无论如何也喜欢不起来。

"关山樱"很早就被引进英国,因其艳丽的外形和健壮易生长的特点而受到好评,是很受大众喜爱的一个品种。但是英格拉姆私下里很讨厌这种好评,因为他喜欢朴素而清新的樱花,认为"关山樱"给人一种淫靡的感觉。

第三章 "樱格拉姆"的诞生

英格拉姆对于"关山樱"的厌恶似乎随着年纪的增长而越发强烈。我 2014 年秋天去拜访博耐顿的苗木商彼得·凯利特的时候，他给我讲了这样一段往事。

1970 年前后，博耐顿的私立女子学校"博耐顿女校"的校园里种了一棵"关山樱"。该校创立于第一次世界大战后的 1923 年，目的是开展高水平的女子教育，它是利用克兰布鲁克伯爵和罗瑟米尔子爵旧邸的一部分建立起来的一所全寄宿制私立学校，实行从小学到高中的一贯制教育。该校一开始招生，英格拉姆便将小女儿塞尔西娅送了进去，后来塞尔西娅的长女薇莉安也从这里毕业。该校是英国屈指可数的著名女子学校，英国现任女王伊丽莎白二世的长女安妮公主也曾就读于此。

该校种下"关山樱"时，90 岁高龄的英格拉姆已是村里的"名人"，对一切都无所畏惧。据说他去见了女校长，对她说"女校还是不要种那种淫靡的樱花为好"，然后很快就由凯利特按英格拉姆的指示在这棵树上嫁接了"大山樱"，使之"改头换面"，可见英格拉姆对"关山樱"的厌恶有多么彻底。

"太白"的伟业

英格拉姆的丰功伟绩之一，是使据考已在日本灭绝的

樱格拉姆

品种"太白"回到了祖国的怀抱。

"太白"樱开大朵纯白的单瓣花朵,是一种"大山樱"系列的樱花,花的直径有五六厘米,既有光彩照人的华丽感,又充满宁静庄重的感觉。英格拉姆形容它"那雪一样白的花瓣与古铜色嫩叶的颜色对比真是美极了",认为它"在白色单瓣樱花中无疑是最美的",可见他很是喜爱这种樱花。

"太白"樱的命名者是英格拉姆的"战友"鹰司信辅,其英文说法是"Great White Cherry"。似乎是在英格拉姆寻樱之旅前一年的1925年春天,正在英国游学的鹰司去格兰奇拜访英格拉姆时看到了这种樱花后为它命名的。

英格拉姆在日本进行寻樱之旅时,曾在樱之会的演讲中说,他的院中有两种日本已经绝迹的樱花("太白"和"大黑"),他想让它们重新回到日本的土地上。他回到英国后的那个冬天便将这两种接穗寄给了樱之会,但1927年春季发行的樱之会会刊《樱》上有这样一段文字:"承蒙英格拉姆先生惠赠爱树日本樱'太白''大黑'之接穗二种,欲使之在日本繁衍,然不幸枯死,令人遗憾。"[12]由此看来,这一努力似乎未能成功。

"大黑"在这之后消息不明,而"太白"则经过重重辗转波折,最终实现了"回归故土的夙愿"。

事情的发端在1926年4月20日的东京,正在日本旅

第三章 "樱格拉姆"的诞生

行的英格拉姆与林爱作一道去樱花名士船津静作在荒川的住所拜访他。

身着和服的船津笑容可掬地迎接了他们,将他们请到撤去了隔扇的内客厅里。三人品着绿茶和日式点心,在林的翻译下畅谈了片刻之后,船津拿出一本自己编写的《江北樱谱》放在桌子上给他们看。这是船津为留下关于荒川堤樱花的记录而从1913年开始花了七年时间,请熟识的西洋画画家角井厚吉在上品和纸上用水彩画下57幅樱花的图画并将其汇集而成的。这本樱谱后来作为船津家的传家宝代代相传,成为研究樱花品种的宝贵资料。[13]

船津用留着长指甲的手指指着一幅一幅的图画,为他们说明该品种的特征。细致入微、纤毫分明的写生画和船津深厚的樱花知识令英格拉姆发出赞叹。

对图画的解说结束后,船津起身去内室拿来一卷挂轴,缓缓展了开来。一幅花朵大得不同寻常的绝美的白色樱花图展现在他们面前。

> 这是我曾祖父在130多年前画的。这种樱花呢,过去曾有人在京都附近见到过,但现在好像灭绝了,无论哪里都找不到……

听了船津的话,英格拉姆不禁倒吸了一口冷气。挂轴

樱格拉姆

上的这种樱花无论是花的大小还是叶片所呈现的古铜色,无疑便是自己所拥有的"太白"。英格拉姆的心飞向了大洋彼岸肯特郡博耐顿的樱园。

"请告诉船津先生,我家院子里有这种樱花。"

林将这句话翻译给船津听后,船津什么也没说,只是微笑着向英格拉姆深深地低头行了一礼。

"船津先生可能是不相信我的话,但我一定会让这种樱花回归日本的。"

此时,英格拉姆在心中立下了誓言。

英格拉姆回到英国,向樱之会邮寄"太白"接穗失败后,听从鹰司的建议,改寄到香山益彦(1886—1944)处。香山出身寺侍(江户时代在高品级的寺院中负责警卫和寺务的武士)世家,祖上世代任职于京都仁和寺这一与皇室渊源很深的门迹寺院①,他本人则在1904年建校的京都府立第二高等女子学校(现府立朱雀高中)任教导主任并教授植物学,对樱花造诣也很深,著有《京都樱花》等。

香山为英格拉姆介绍了京都"樱花守护人"中的重量级人物佐野藤右卫门。

藤右卫门这个名字为京都市右京区的园林公司"植

---

① 由出家的皇族、贵族担任住持的寺院。

第三章 "樱格拉姆"的诞生

藤造园"的历代家主所沿袭，历代藤右卫门肩负着仁和寺的造园工作。从第 14 代藤右卫门（1874—1934）时开始的保护日本各地樱花的活动，一直传承到现在的第 16 代。第 15 代藤右卫门（1900—1981）为圆山公园培育的垂枝樱现作为"祇园夜樱①"广受喜爱。这三代藤右卫门作为守护和照顾有历史渊源的著名樱花的"樱花守护人"而闻名。

尝试用英格拉姆的"太白"接穗进行嫁接的是第 14 代和第 15 代藤右卫门。现任第 16 代藤右卫门（87 岁）曾在孩提时听父亲和祖父说过"太白"樱回归故乡的故事。

我在 2014 年 12 月前往京都的植藤造园拜访了佐野，听他讲了当时的事情。植藤造园位于京都市仁和寺以西，离广泽池和大觉寺很近，是一个可以放眼群山的美丽之地。

我走进由 16 代藤右卫门一脉传承下来的"佐野园"，在古色古香的日式会客室里等待了片刻，便见腰板挺直的佐野步履稳健地走了进来。

"那是昭和初年的时候，香山益彦和我爷爷（第 14 代藤右卫门）关系很好，托我爷爷嫁接英国的'太白'。"

---

① "夜樱"即夜晚打上灯光观赏的樱花。

· 111 ·

樱格拉姆

这是佐野的开场白。据他所述，发生在英格拉姆和他的爷爷、父亲之间的"太白归乡物语"是这样的——

1928年冬天，香山收到了英格拉姆通过海运寄来的"太白"接穗，但遗憾的是接穗已经枯死了，而接穗的采集一年只能在冬天进行一次。

"明年再请他寄一次吧。"

香山与第14代藤右卫门商量之后，写信告知了英格拉姆。一年后，英格拉姆又寄来了新的接穗，但这次仍然失败了。第三年仍是一样。

"这是为什么呢……"

正当香山和第14代藤右卫门抱头苦思之时，当时刚过30岁的年轻的第15代藤右卫门说道：

"是不是因为在海运途中干掉了，水分不足啊？那样的话，请他把接穗插在萝卜上寄过来怎样？"

"啊，对呀对呀！这也许是个好主意！"

香山立即给英格拉姆写信告知此事。第四年冬天，英格拉姆寄来了带着萝卜的接穗。二人想着"这次一定没问题"，但打开包装一看，却发现接穗竟然长出了好几根细长的芽，已经烂掉了，原来是水分太多了。

香山、第14代和第15代藤右卫门三个人大失所望，但经过碰头会议之后，他们发现了一个问题。

"是不是因为要经过赤道，所以才不行的啊？"

第三章 "樱格拉姆"的诞生

"对呀对呀！赤道附近热，所以接穗发了芽；到日本后天气变冷，所以接穗又枯死了。肯定是这样！"

从日本寄往英格拉姆处的接穗多数搭乘经由加拿大温哥华从北面绕行的航班，而英格拉姆的接穗则是经由从苏伊士运河穿过印度洋从南面绕行的航线来的，此前三人都未注意到这一点。

在碰头会议上，三人商定："请他不走船运而是通过西伯利亚铁路寄来怎样？那样的话，所需时日应该也能缩短许多。"

英格拉姆也赞成这一方案，并在第五年冬天通过西伯利亚铁路寄出了接穗。这次按照英格拉姆的主意，将接穗插在土豆上进行了打包。土豆是英国人非常熟悉的主食，英格拉姆认为土豆所含的适度的水分和营养应当会有好的效果。

接穗经陆路穿过西伯利亚，抵达终点符拉迪沃斯托克（海参崴）后被运往港口，乘船穿过日本海，然后又乘上夜行列车颠簸了一天，终于到达了佐野家。

通过这种方法，"太白"的接穗终于活着踏上了日本的土地。

"太好了，总算成功了！插在土豆上这个方法，亏得英格拉姆先生能够想到啊！"

两代藤右卫门十分高兴，立刻着手进行嫁接。第15

樱格拉姆

代藤右卫门试着将其接在"大岛樱"上后,接穗与砧木顺利结合开始生长,这一年是1932年。

"老爷子说,一路上经过的都是冷的地方,所以才没出问题啊!"

佐野回忆道。

"太白"的生长比较迅速,嫁接成功后三年左右他们便采集了这棵小树的枝条再次进行嫁接,通过重复这样的操作,使"太白"的植株不断增多。

就这样,英格拉姆的"太白"从京都的佐野园传播到日本各地。香山供职的京都府立第二高等女子学校的校园里有一棵,此外,仁和寺和平野神社也有种植,并配了一块解说牌,写着这是一种从英国回到故乡的樱花。

"叫'太白'就因为它是大朵的白花。虽然是纯白色,却又不只是白,怎么说呢?是很有风度或者说气质的。虽然原本是从日本到英国去的樱花,却好像在那边熏陶出绅士风度后又回来了一样呢。"

佐野笑道。

在"太白"回归故土80多年后的今天,佐野如是说。然而事实上,当时也有人冷眼看待他祖父和父亲这两代藤右卫门长达五年的不懈努力。那是一个军国主义和国粹主义势力不断壮大的时代,1931年"九一八"事变爆发,英日同盟早已土崩瓦解,英国正在变成敌对国。

▲ 位于英国肯特郡博耐顿地区的英格拉姆旧邸格兰奇

▲ 格兰奇庭院中的"太白"樱
（在英格拉姆的努力下重回故土日本的"太白"原株）

作者拍摄于 2015 年 4 月

「阿龟樱」「豆樱」与「寒绯樱」的杂交品种

「千岛大山樱」「千岛樱」与「寒绯樱」的杂交品种

「黑尾鸥」「大岛樱」与「豆樱」的杂交品种

均为作者拍摄　　英格拉姆培育的几种代表性樱花

60多岁的英格拉姆

帕特里夏·索伯恩提供

英格拉姆29岁时的自画像

英格拉姆家人提供

英格拉姆的外孙女薇莉安和她的丈夫欧内斯特·波拉德

2014年8月19日作者拍摄于夫妇二人在拉伊镇的家中

英格拉姆十二岁时的鸟类写生

英格拉姆家人提供

25岁左右的英格拉姆在父亲位于法国南部的别墅

16岁左右的英格拉姆

英格拉姆家人提供

英格拉姆的妻子弗洛伦丝（一战前后）

1919年英格拉姆入住时的格兰奇。照片中的樱花即「北斋」，就是它激发了英格拉姆对樱花的兴趣

英格拉姆家人提供

樱园规划图（制作于1923~1924年）

英格拉姆家人提供

横滨植木商会1928年版商品目录，封面的樱花图案十分美丽

作者拍摄于横滨开港资料馆

LIST OF FLOWERING CHERRIES CULTIVATED BY THE YOKOHAMA NURSERY CO.

72 varieties.

No	Name	No	Name
1	Shin-nishiki	51	Mikuruma-gayeshi
2	Taki-nioi	52	Hosokawa-nioi
3	Shiki-sakura	53	Temari-sakura
4	Ama-no-gawa	54	Kabuto-sakura
5	O-naden	55	Beni-gasa
6	Hi-sakura	56	Botan-sakura
7	Okiku-sakura	57	Ōjochin
8	Yado-sakura	58	U-kon
9	Mi-fugen	59	Hgoin-ji
10	O-kiku-sakura	60	Hōsei-sakura
11	Nara-sakura	61	Horai-san
12	Daisen-sakura	62	Gosa-no-ma-nioi
13	Kiri-ga-ya	63	Kurama-yama
14	Sumizome	64	Mi´eko-beni
15	Higurashi	65	Gyo-i-ko
16	Jo-nioi	66	Beni-higan-shidare
17	Tai-min	67	Ionji-gari
18	Hitomaru	68	Taisan-fukum
19	Fuku-roku-ju	69	Yoshino-shidare
20	Yo-ki-hi	70	Kiku-shidare
21	Ariake	71	Jugetsu-sakura
22	Sakon	72	Kan-zetsu.
23	O-sho-kun		
24	Asagi-sakura		
25	Uniiro-kan-sakura		
26	Hotanagi-kan-sakura		
27	Murasaki-sakura		
28	Usu-sakura		
29	Saki-san		
30	O-shiba-no		
31	Kari-ginu		
32	Tora-no-o		
33	Beni-kan-sakura		
34	Kanko-ji-sakura		
35	Koke-shimizu		
36	Surugadai		
37	Kaba-sakura		
38	Shiro-fugen		
39	Ko-shioyama		
40	Gi-jo		
41	Rui-arashi		
42	Oku-miyako		
43	Hata-sakura		
44	O-shiba-yama		
45	Sho-getsu		
46	Ama-yadori		
47	Ito-kukuri		
48	Na-den		
49	Kokonoye-sakura		
50	Shiro-taye		

英格拉姆向横滨植木商会订购的苗木清单

英格拉姆家人提供

英格拉姆拍摄的「樱花守护人」船津静作

英格拉姆家人提供

英格拉姆于1926年拍摄的小金井街道

1926年寻樱之旅中在富士山山麓的英格拉姆。旁边的男子应为1907年协助英格拉姆进行鸟类调查的「高田」

英格拉姆家人提供

担任帝国宾馆总负责人的林爱作,他为樱之会的创立投入了大量心血

图片摘自『帝国ホテル社史』

日本《国民新闻》报道（1926年）上介绍英格拉姆访日情况的

英格拉姆写在帝国宾馆信笺上的演讲手稿——林爱作写给英格拉姆的信（1928年2月9日）

英格拉姆家人提供

格兰奇的樱园,特点是充分利用了弯道来营造风景(1940年代中期)

英格拉姆家人提供

帕特里夏·索伯恩

作者拍摄于 2014 年 10 月 3 日

1930年代的博耐顿

图片摘自 *Benenden A Pictorial History* CD 版

露丝·托尔赫斯特

作者拍摄于 2014 年 10 月 3 日

艾琳·普赖斯创作的格兰奇樱园的油画

安东尼·普赖斯提供

第16代佐野藤右卫门

作者拍摄于 2014 年 12 月 10 日

歌川广重《武州小金井堤满花之图》（局部）

江北村首任村长清水谦吾

「樱花守护人」高木孙右卫门

樋口惠一先生提供

荒川堤上赏花的情景

樋口惠一先生提供

三好学

图片摘自《樱》第21号

英格拉姆在战争期间积累的樱花观察记录中关于「太白」的部分

英格拉姆家人提供

阿拉斯泰尔与达夫妮的婚礼（1947年1月7日）

英格拉姆家人提供

ORNAMENTAL CHERRIES

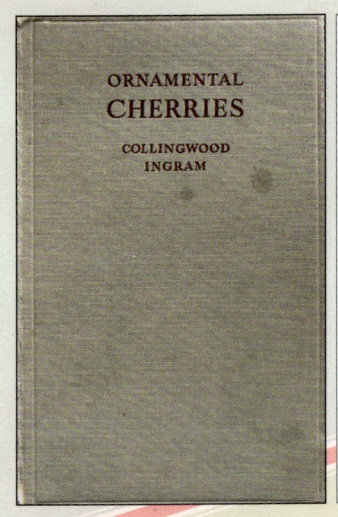

COLLINGWOOD INGRAM

DEDICATED
to all who have planted Cherry trees, whatever their creed, caste or colour may be. Consciously or unconsciously, they have made this world a more beautiful and a pleasanter place to live in

英格拉姆的著作《观赏性樱花》的封面

《观赏性樱花》的第一页，英格拉姆很喜欢使用这个由其姓名首字母C和组合而成的樱桃图案

作者拍摄

▲ 英格拉姆的孙女希瑟·鲍耶　　　　▲ 英格拉姆的孙子彼得

—— 2015年5月19日作者拍摄于英国南部汉普郡　　—— 2015年5月15日作者拍摄于伦敦

▲ 斯坦福郡的奖章樱林荫道

▲ 位于科茨沃尔兹地区的"巴茨福德植物园"里的樱花

克里斯·桑德斯先生提供　　　作者拍摄于 2015 年 4 月 17 日

▲ 英格拉姆 1949 年 4 月 15 日致萨维尔勋爵的信

▲ 温莎大公园的山上孑然独立的"太白"樱

——— 马克·弗拉纳根先生提供 ——— 作者拍摄于 2015 年 4 月 15 日

▲ 晚年的英格拉姆在格兰奇

▲ 在英格拉姆暮年时照顾他的住家保姆、苏格兰人莫伊拉·米勒

英格拉姆家人提供　　作者拍摄于 2014 年 11 月 12 日

▲ 伦敦西南部邱园的"浅野樱步道"  ▲ 诺森伯兰郡安尼克花园的"太白樱步道"

作者拍摄于 2015 年 4 月 13 日　　　　　　　安尼克花园提供

▲ 浅利政俊

▲ 温莎大公园苗圃中种植的"松前樱",它是1993年浅利政俊所赠接穗嫁接而成的樱花原株

作者拍摄于2019年5月　　作者拍摄于2015年4月15日

第三章 "樱格拉姆"的诞生

于是在樱花界人士中也有人提出,从英国人那里接受作为日本国花的樱花是日本的耻辱。

但是香山与两代藤右卫门并未理睬这些声音,最终实现了"太白"的回归。因为他们都有一个共同的强烈心愿,那便是要使日本传统的樱花流传后世。日本在长期的历史中开发出丰富多样的樱花品种,对于这一传统他们自豪且珍视,想将这一历史留存下来,便是这样一种热情推动着他们不断努力。

佐野说,英格拉姆可能是与祖父和父亲有着共同的历史使命感吧。

"英国独特的王室传统与日本自奈良时代延续至今的樱花历史,是有着共同之处的吧。我想英格拉姆先生就是在这样一种文化的传承中为我们留下了'太白'的啊!"

佐野给我讲述的"太白"归乡的故事在现实中并未留下任何资料,他从小在佐野园看着祖父和父亲劳动,长大之后继承了家业,"太白"的故事便是他在这样的环境中,听着两人一边劳动一边讲述而记住的,他是个宝贵的"活证人"。

第15代藤右卫门嫁接的那几棵"太白"的第三代子孙现存于佐野园中,我采访结束临走的时候,佐野带我去看了它们。时值严冬,树叶都落光了,但据说每年春天都会开出绚烂的花朵。

曾向英格拉姆说起"太白"灭绝一事的船津静作,

未能等到它回归故乡的消息就在 1929 年去世了。他若知道这件事情该有多么高兴啊！

英格拉姆本人也因帮助"太白"重返故乡一事而终身感到自豪，对每个人都会把"太白"樱的故事原原本本地讲一遍。"他打心底里为那位年事已高的日本樱花专家未能看到'太白'回归故乡就离开人世而感到遗憾"，我采访的人都这样说。

然而遗憾的是，由于战后的日本形成了一种一说樱花就指"染井吉野"的风潮，所以据说现在除了东京的新宿御苑之外，便基本只能在东京八王子市的多摩森林科学园和静冈县三岛市的国立遗传学研究所等研究机构的园子里看到"太白"，其他地方已很少能见到了。

顺便提一笔，对于当代日本清一色地植上了"染井吉野"一事，佐野是持强烈批判态度的，这正是因为他热爱樱花。关于佐野的观点我们在后面的章节再专门介绍。

因"太白"而结下的缘分

英格拉姆所拥有的"太白"追根溯源，来自英国东南部萨塞克斯郡一位"弗里曼夫人"（Mrs. Freeman）家的院子。据说弗里曼夫人那时已过中年，但十分热衷于营造花园，在 1900 年前后从日本引进了几种樱花种在了院

第三章 "樱格拉姆"的诞生

子里。

英格拉姆 1923 年春天去她家的花园参观时,在院子的一角发现一棵半枯的樱花树上开着两三朵花,花朵大得异乎寻常,是一种从未见过的品种,于是向弗里曼夫人要了接穗。

> 我起初担心能否嫁接成功,所幸一切顺利,它在我的院中扎下根来。"太白"樱从一根奄奄一息的接穗繁衍出无数子孙后代,飞向了世界各地。

英格拉姆在自己的著作《观赏性樱花》中这样写道。正如他所言,"太白"不仅从他的樱园重归日本,还传播到英国各地,成为最受人们喜爱的品种之一。不光是英国国内,"太白"后来还传到美国、加拿大和澳大利亚,至今仍作为装点各国园林的美丽花树广为人知并受到喜爱。

"太白"是弗里曼夫人从日本引进的树种,但是从哪里的什么人那里获得的已无据可考。此外,英格拉姆的日记中对其在日本灭绝之前的名称有这样的记载:"船津先生说这种樱花的名字是'晓',但'晓'这种樱花指的是哪个品种却不清楚。"

就这样,"太白"的来源有很大一部分仍然笼罩在迷雾中。但格兰奇的樱花经由英格拉姆之手回到日本并走向

樱格拉姆

世界却是不争的事实。"太白"归乡的故事现在依然像传说一样流传在世界各国的园艺工作者口中。[14]

"太白归乡物语"还有个非常好的续篇——曾为"太白"归乡而在英格拉姆和佐野藤右卫门之间发挥了桥梁作用的香山益彦，在那之后与英格拉姆建立起了友情。

英格拉姆在访日期间未与香山见过面，二人素不相识，但后来因"太白"结缘后开始通信。据第15代藤右卫门留下的著作《樱花抄》的描述，香山的特点是"不论在任何情况下都用奇怪的调子大声说话"。[15]看来是这种外向的性格使得他能毫不难为情地用英语给英格拉姆写信。

在英格拉姆外孙女婿欧内斯特·波拉德所保管的海量资料中，有一封香山在1934年7月27日写给英格拉姆的信。

从信中可明确得知香山在仁和寺和平野神社采集了樱花接穗并寄往英国，但此外还写着对于"除'有明''仙宫''抚子'之外的接穗都因已经干枯而未能嫁接一事深表遗憾"，可见香山邮寄的大部分的接穗都未能在英格拉姆的庭院中继续生长。对于嫁接成功的三个品种，信中做了详细的说明。在古都京都的名门寺院和神社中被精心呵护并传承了数百年的樱花中的一部分，就这样漂洋过海来到英国，成了格兰奇樱园的一分子。

第三章 "樱格拉姆"的诞生

香山又写道："下次我会像您寄'太白'接穗时一样，将接穗插在土豆上通过西伯利亚铁路邮寄。"

另一方面，英格拉姆还给英国的园艺杂志写了一篇名为《御室的樱花》的报道，其中将香山描述为一个"发自内心地喜爱樱花、珍惜樱花带来的缘分的人"，还介绍了香山给他寄接穗时附上的下面这首用英语写的"樱花之歌"。在军国主义的日本，香山的这段讴歌与"假想敌国"英国间友好关系的文字真是太难能可贵了。

樱花啊樱花，我热爱的樱花

愿你能平安穿越海洋与大陆

在陌生的英国，许多朋友和热情的主人在等待着你

愿你在彼处与在祖国一样，每个春天都绽放美丽

樱花是英日友谊的标志，是无言的外交官

樱花啊樱花，我热爱的樱花

111

逼近樱园的军靴声

1940年4月27日对英格拉姆家来说是个幸福的日子，他23岁的小女儿塞尔西娅和村子里的农家小伙查尔

樱格拉姆

斯·杰拉尔德·哈登（Charles Gerald Harden, 1904—1983）结婚了。

这日，二人的婚礼在博耐顿的教区教堂"圣乔治教堂"举行，然后在格兰奇的花园举办了婚宴。参加婚礼的人们簇拥着新郎和新娘从教堂向花园走去。

春天的阳光下，樱园的樱花正在迎来开花的旺季，美不胜收的樱花风景扑面而来。酒宴方酣，新郎携着新娘的手到樱园里散步。

"时而有樱花花瓣飘落到塞尔西娅洁白的婚纱上，真是美极了，仿佛电影中的画面一样。"

参加了这次婚礼和婚宴的帕特里夏·索伯恩这样回忆道。

婚后，二人在博耐顿置办了新居。

但此后便很少再能见到这样和平幸福的村中景象，第二次世界大战开始了。

欧洲在第一次世界大战后建立了短暂的和平体制，这种体制在1929年的世界经济危机后迅速分崩离析，欧洲大陆上的硝烟味一年比一年浓。在政治局势混乱的德国，法西斯主义兴起，1933年1月希特勒建立起纳粹政权，1938年德国吞并奥地利并对捷克斯洛伐克发起进攻，以扩大领土。

英国首相张伯伦起初对希特勒采取了一段时间的绥靖

第三章 "樱格拉姆"的诞生

政策，但1939年秋，纳粹德国向波兰发起进攻，英国和法国终于向德国宣战，第二次世界大战爆发，英国向欧洲大陆派遣了大量士兵。

塞尔西娅的婚礼之后，形势急转直下，已占领丹麦和挪威的德国军队进入5月后加强了对西部地区的攻势，向荷兰、比利时和法国北部发起进攻，英法联军被逼到多佛海峡沿岸的敦刻尔克。

5月10日组阁的丘吉尔政府断然实施了史上最大规模的撤退行动——"敦刻尔克大撤退"，此后法国兵败如山倒，德国进攻英国本土看起来只是时间问题了。

为应对德国登陆，英国在全国范围内组建起由17～65岁的义勇兵组成的乡土卫队，并由政府配备来复枪等，任务是平时在地方上巡逻，危急时刻便拿起武器投入战斗。

此时已59岁的英格拉姆立即报名参加，并被任命为博耐顿部队的指挥官。

肯特郡濒临多佛海峡，是离法国最近的郡，当时海峡对岸的战斗情景从博耐顿便可远远望得到，战况已紧迫到如此程度。

英格拉姆在1940年5月26日的日记中这样写道：

　　幸福的时光正在接近终点，不祥的爆炸声不分昼

樱格拉姆

夜地砰砰响着,黑暗的命运笼罩在上空。大炮轰鸣,地面震动的沉闷响声从远处传来,仿佛是狂怒的怪兽正发出压抑的咆哮,要把一切都毁灭掉。

(中略)

南面的天空中电光明灭闪烁,如同夏天的闪电一般,那是狭窄的海峡彼岸那带来死亡和破坏的闪电。

自然主义者英格拉姆憎恶这令人类自相残杀、给自然带来巨大破坏的战争。德军一旦登陆,樱园定然会遭到破坏。英格拉姆原本正打算出版一本关于樱花的正式著作,但因为战争而不得不暂时搁置了。

作为乡土卫队的指挥官,英格拉姆经常在夜间驱车去村中的各处要害地点巡视。这天(5月26日)夜里,一阵突如其来的夜莺的响亮叫声吸引了正在巡视的英格拉姆。

令人无比厌烦的大炮声在那一刻被夜莺高亢的叫声淹没,我从未听过夜莺叫得如此响亮而优美,强有力的叫声响彻黑暗,热情的旋律仿佛是在用尽全力表达生的喜悦。

(摘自5月26日的日记)

第三章 "樱格拉姆"的诞生

英格拉姆停下车来,沉醉在这沁人心脾的鸣叫声中,暂时忘记了一切,经历了一场灵魂的净化——虽然只是短短的一瞬。在这个时刻,英格拉姆心中定是燃起了一盏在黑暗时期依然渴求希望与和平的灯火吧!

这样一种超自然的体验,英格拉姆曾于1926年在日本的深山中也经历过。那时他目睹山腰上熠熠生辉的"大山樱"和富士山顶庄严神圣的身姿,耳闻着树莺响彻山谷的清澈鸣声,体会到一种震颤灵魂的感动。

英格拉姆虽然并不相信有创造了万物的神,却从大自然无以言表的美好而巨大的力量中感受到某种超出人类存在的东西,灵魂被剧烈地震撼了。我想,这种对大自然强大的感受能力是英格拉姆天生具有的,他也因此能够如此热爱樱花。

此后,德国为掌握制空权,作为登陆英国战役的前哨战,在多佛海峡和英国上空发起了空战,史称"不列颠空战"。这场空战主要是在肯特郡上空展开的,博耐顿的樱园也面临着危机。

第四章 "本家"日本的樱花

在这一章中，我想就樱花的生态和日本樱花的历史做个梳理。樱花的历史可以说与日本人所走过的历程是表里一体、密不可分的，把握好这一点，对于理解英格拉姆在20世纪初的日本所看到的樱花风景以及樱花所处的状况，也是很重要的。

如前所述，樱花分为野生品种和人为开发的栽培品种这两类。日本自然生长的野生品种出人意料地少，只有"山樱""大岛樱""霞樱""豆樱""大山樱""高领樱"①"丁字樱""江户彼岸""黑樱桃"②"寒绯樱"这10种。不过，野生的"寒绯樱"只见于冲绳县石垣岛的部分地区，无法确定是自古以来就野生的，还是从国外被带入日本后野生化了的，所以也有人认为野生樱花是9种。

---

① 学名 Prunus nipponica，别名"领樱"。
② 俗名"深山樱"。

第四章 "本家"日本的樱花

日本比较多的是栽培品种的樱花，据说有 400 种以上。栽培品种与野生品种不同，绽放在人们居住的村庄里，因而也被称作里①樱；而野生品种有时也被统称为山樱。

樱花的历史是一部珍爱包括野生品种和栽培品种在内的所有丰富多彩的樱花，并将它们融入生活和艺术的历史，也正是这样的历史让日本形成了独特的樱花文化。

樱花的历史：从古代至江户时代

从日本人作为农耕民族开始在日本列岛上定居的古代起，野生的樱花便已自然生长着，樱花大体上按照以下这样一种机制逐渐繁殖增多。

在古代日本的自然界，当山间树林里有大树倒下时，便会形成一个阳光可以照进来的空隙，这里便会长出樱树，因为樱树喜欢阳光。对于樱花的分布发挥着重要作用的是鸟类，鸟吃了樱树的果实后，如果将含有种子的粪便排在了阳光可以照到的地方，或者粪便落在了阳光好的地方，种子便会发芽长成樱树。除了鸟类之外，熊和貉等哺乳类动物有时也会成为种子的搬运工。

---

① "里"即"村庄"之意。

樱格拉姆

进而，人类在山脚定居下来并开始以水稻种植为中心的农耕生活，这也使得樱花增多了。在水田之外，人们为了生活会砍伐森林、开辟农田，或是种植杂木林以采集木柴，如此一来便形成光照良好的"里山"①，樱花便在这里自然发芽生长了。

野生樱花的一个特点是每棵树都略有差异，没有两棵树是完全相同的。第三章也曾谈到，樱花必须异株授粉才能结果，而且即使是异株，如果两棵树基因相同也无法授粉，因此结出的果实都是由不同的基因结合而成的。由果实里的种子发育生长而成的下一代会成为与父母双方在外观上都略有不同的樱树，正如人的下一代会与父母不同、兄弟姊妹之间也各不相同一样。

在一代代繁衍更替的过程中，有时会出现突然变异，产生特征上有很大差异的植株，并且如果附近有其他野生品种的话，这两种樱花便会自然杂交产生新的樱花。

就这样，樱花不断繁衍，而每一棵都不相同，樱花的特点是原本就十分多样化。

后来，有人在某处发现有特色的樱花并将其移植到自己居住的地方，就这样，樱花成为村庄共同体的象征和民间信仰的对象，从自然界移居到村"里"。

---

① 指村落附近的山。

第四章 "本家"日本的樱花

进而，人们为使某种美丽的樱花留存下来，会通过扦插和嫁接的方法对其进行栽培，于是产生了"栽培品种"。这种情况下所培育出来的树全都是基因相同的"克隆"树。藤原定家在其撰写于平安末期至镰仓时代的《明月记》①中记载着"给自家的樱树进行了嫁接"，可见这一时期已有了嫁接的技术。[1]

曾长期居住在日本，并以英格拉姆之后欧洲樱花研究第一人而著称的荷兰人崴比·奎台特（首尔大学研究生院教授）指出，日本四季分明、雨量充沛的气候与火山灰地质的土壤适于樱花生长。并且在山岳地区，由于多陡峭的斜坡，所以局部温差大，小范围内便有多个不同品种的树木生长，这也成为樱花品种丰富多样的原因之一。[2]

奎台特举出"山樱"和"江户彼岸"都有生长分布的茨城县阿武隈山脉为例，认为在这一区域由于这两个品种的自然杂交，可以看到树形、花形、花色及开花时间各不相同的各种形态的樱花。

移居到村"里"的樱花被人们与稻米种植联系在一起，成为人们心目中守护水田、预示稻米收成好坏的一种宝贵的象征。

---

① 藤原定家的日记，记录了治承四年（1180）至嘉祯元年（1235）朝廷与幕府关系及歌道见闻等，是镰仓时代的重要史料之一。

樱格拉姆

有学说认为"樱花"(SAKURA)的词源是由两部分结合而成的,前半部分是表示"稻田神"之意的神灵"SA",后半部分则是表示其居所的"KURA"(与"仓"或"鞍"同音)。山神为守护稻米生产而栖身于樱花花瓣并降临田间成为田地神。对于农民来说,樱花的开放便是可以准备插秧的信号。[3]

有些地方至今仍把一些樱花称作"播种樱",认为它们的开放是在告知稻米播种的时机;还有些渔村把一些樱花叫作"鱼见①樱",把樱花开放看作能够捕到鱼的标志。对于日本人来说,樱花从古代起便与人们的生活密不可分,象征着生产力与生命的活力。

到了奈良时代,平城京首次出现了城市空间,贵族官员开始在宅邸内种植树木,樱花从古代人信仰和生活的对象变为观赏的对象。

但平城京的律令制度是以中国(唐)为原型的,所以受到上流社会宠爱的是来自中国的梅花,樱花尚未受到青睐。据日本国语学家山田孝雄(1875—1958)在《樱史》中的考证,编纂于8世纪的《万叶集》中咏梅的诗歌有110首,而关于樱花的则只有43首。[4]

樱花作为一种本土花卉被人们讴歌,始于迁都平安京以后。

---

① "鱼见"即"见鱼"之意。

第四章 "本家"日本的樱花

这里有一个非常有趣的史实。京都御所的寝殿——有朱红色回廊的紫宸殿（或称南殿）——前院中，左（东）侧植着一棵樱树，右（西）侧植着一棵橘树，即著名的"左近之樱，右近之橘"①，事实上，794年迁都至此时所植的并非樱花，而是梅花，但在9世纪中叶之前，梅树便已换成了樱树，这一传统一直持续到当代。

大贯惠美子（美国威斯康星大学教授）认为，9世纪是日本人从对于中国文化的全盘接受中摆脱出来、试图确立自身主体性的时期，在确立这一独有的主体性时，樱花被选作象征当时日本人的主要隐喻。[5]

就这样，在平安时代，樱花成为上流阶级歌咏的主要树种。观赏樱花的"花宴"成为宫中的例行活动，贵族们在岚山等处游山赏樱，"蹴鞠"时也以樱树来充当球场的一角。905年前后由纪贯之等人编纂的《古今和歌集》与《万叶集》截然不同，关于春天的和歌中，大半主题都被樱花所占据。[6]

> 吾心之所愿
> 春日樱花树下死

---

① "左近"为"左近卫府"的略称。因举行仪式时左近卫府的官员列队于樱树一侧，右近卫府的官员列队于橘树一侧而有此说。

樱格拉姆

> 二月十五月圆日①

平安时代后期的僧侣兼诗人西行（1118—1190）一生挚爱樱花，在和歌中写道，自己最大的愿望便是在樱花盛开时结束一生。

西行所咏的是开在吉野山的"山樱"。吉野山是日本特有的一种起源于山岳信仰的宗教"修验道"②的发祥地，本尊佛为藏王权现，其雕像据考是用樱木雕成的，因而樱花被敬为神树。平安时代，信徒们开始向寺庙捐赠樱树苗，自此之后樱花越植越多，渐渐地，整座山都被樱花覆盖，到西行生活的时代，吉野山已经成为上流阶级向往的赏樱胜地。

平安时代人们所观赏的樱花主要是以吉野山为代表的"山樱"，不过据小川和佑（文艺评论家，1930—2014）推测，其中也有因"江户彼岸"突然变异而产生的"垂枝樱"，他还说在平安时代后期，贵族中流行在院中种植八重樱，看来那时已有了几个栽培品种。

从平安时代后期直至整个镰仓室町时代，出现了一个

---

① 农历二月十五为佛陀涅槃日。此和歌表达出身为僧人的西行对樱花的喜爱以及对佛陀的崇敬。
② 在高山中修行，以体验、领会咒力为目的的日本宗教。

有趣的现象。随着贵族力量的式微和东国①武门（武士）的兴起，日本国内出现了"樱花迁移"的现象。12世纪源赖朝在镰仓建立起武家政权（幕府）后，东国与京都之间人员往来变得频繁，随着武士们移居京都，樱花也从东国被移植至此。樱花成了权力的象征。

就这样，在镰仓时代，"大岛樱"被带到了西部的京都，这种樱花是伊豆诸岛及伊豆、房总半岛一带野生的，开大朵的白花。进而以"大岛樱"为基础培育出来的栽培品种"普贤象""御车返"也在这一时期迁移到京都。

到了室町时代，足利将军在京都建起一座人称"花之御所"的大宅，花园中种植着各地守护大名进献来的樱花。

就这样，被带到京城的樱花与当地樱花杂交，又产生新的品种。法轮寺等幸存至今的一些"大岛樱"系列栽培品种，此时已在京都诞生。

进入江户时代，栽培品种猛然增加，樱花迎来了黄金时代。在整个江户时代，京都的樱花品种也在以神社和寺庙的庭院为中心继续增长，但增加最多的还是在江户各大名宅邸的花园中。

大名因参勤交代往来于江户与其他地区之间，樱花便也随之迁移，于是各地的樱花都被带到江户。并且大名和

---

① 即关东，是日本对畿内以东地区的称呼。

樱格拉姆

旗本为使其在江户的宅邸拥有独一无二的美丽樱花，竞相命私家花匠开发新品种。

就这样，"山樱"系列、"大岛樱"系列、"江户彼岸"系列等各种栽培品种纷纷诞生，在大名宅邸的花园中争奇斗艳。还有大名在花园中修建了大规模的樱花园。据文献记载，江户幕府老中、白河藩藩主松平定信（1758—1829）在其筑地①的宅邸"浴恩园"中植有142种樱花。

当时共有多少个品种并无确切记录，但据樱花专家川崎哲也（1929—2002）的研究，在江户时代末期，江户至少存在250个栽培品种。[7]

江户时代还在各处建起赏樱胜地，樱花成为广受平民百姓观赏和喜爱的花卉。为保护江户城，第三代将军德川家光（1623~1651年在位）1625年在上野兴建了天台宗关东总本山②——东睿山宽永寺，其首任住持天海从吉野山移植了大量"山樱"至此，使上野的山上长满了樱花。

进而在第八代将军德川吉宗（1716~1745年在位）的时代，在隅田川东岸（向岛地区）和小金井地区的玉川上水沿岸，出于保护堤岸、净化水质、改善景观等目的，种植了数以千计的樱花。当时的人们相信樱花的根部

---

① 日本地名，位于东京都中央区南部、隅田川河口右岸。
② 总寺、总部之意，指统辖一宗一派的最高寺院。

能够净化地下水的水质。另外，飞鸟山（现东京都北区）也植上了许多樱花。

这些地方成了赏樱胜地，作为平民百姓观赏樱花的场所渐渐固定下来。英格拉姆于 1926 年访日时也曾去观赏小金井堤两侧的樱花（参见第二章）。

吉宗时期所植的樱花是从吉野山和樱川（现茨城县）的赏樱胜地移植的树苗，其中以"山樱"为主，也有一些"江户彼岸"、"大叶早樱"① 和垂枝樱。上野的樱花则自宽永寺创建以后越植越多，到明治初年种类也增加到了 40 种。[8]

人工培育出来的这许多栽培品种的樱花，全都被种植在武家宅邸和神社寺院里，平民百姓所观赏的则大多是野生的樱花。

"染井吉野"登场与明治维新

在江户时代达到全盛时期的樱花，从 19 世纪中叶到末期经历了巨大的变化。这一时期，日本从打开国门、戊辰战争到建立明治政府，又经过西南战争，终于实现了"近代化"。在日本所经历的这场史无前例的动荡、混乱与变化的过程中，樱花也受到了时代浪涛的剧烈冲击。

---

① 学名 Cerasus subhirtella（Miq.）Sok，日本称"小彼岸"。

樱格拉姆

旧的栽培品种消失，新开发的"染井吉野"开始取而代之，并渐渐席卷整个日本。

大名因明治维新而失去地位后，江户（1868年改称东京）的大名宅邸虽然有一部分在政府的奖励下被改造成茶园和桑园，但多数还是变成了废宅，日渐破败。大名们精心培育的众多里樱（栽培品种）也遭到了或被砍或枯死的悲惨命运。几乎每个品种都是只为某一所大名宅邸所独有的，所以一旦失去就永远地消失（灭绝）了。

正如英格拉姆在日记中多次指出的那样，正因为是那样一个在锁国制度下持续了200多年平稳安宁的生活的时代，才会产生众多的栽培品种，使樱花文化得以繁荣发展。而如今它们中的大多数正面临着被时代的洪流吞没而灭绝的严重危机。

在介绍船津静作等人的"拯救樱花活动"之前，我想先谈谈这一时期登上历史舞台的"染井吉野"。

在江户时代，染井村（现东京都丰岛区巢鸭、马达一带）有许多苗木商店，一家挨着一家，他们为大名宅邸的花园中栽种的植物进行改良和繁殖，多个品种的里樱便是在这里开发出来的。

"在江户也能看吉野山的樱花"——幕府末年，伴随着这样一句广告词，染井村开始出售一种新的樱花。这种被称作"吉野樱"的樱花开花极多，而且与花和叶子同

第四章 "本家"日本的樱花

时长出的"山樱"不同,它会先开出满树的花,视觉效果极为华美壮观,因而转眼之间便受到大众的喜爱。

这就是后来被称为"染井吉野"的樱花。现在我们已经知道"染井吉野"是"大岛樱"和"江户彼岸"杂交而成的,但当时"染井吉野"只是作为一个"新品种的樱花"而受到关注。此后"染井吉野"飞速扩张,使日本的樱花风景产生了决定性的变化。

进入新的时代,虽然再也无人顾及多种多样的里樱,但日本国民对樱花的热情并未消逝。明治政府将樱花作为日本的象征加以关注,开始在东京各处种植樱花。而恰在此时,"染井吉野"登场了。

"染井吉野"生长迅速,条件适宜的话五年左右即可长成繁茂的大树,[9] 而"山樱"之类则至少需要十年。而且"染井吉野"的嫁接成活率高,十分经济划算,对于急于建设新时代景观的明治政府来说是再合适不过的樱花。

据一本关于"染井吉野"的历史与生态的著作《拯救樱花》(平塚晶人著)介绍,"染井吉野"的扩张首先是从将"山樱"和"江户彼岸"赶出上野、向岛、飞鸟山这些江户时代的赏樱胜地开始的。在上野,从1876年前后开始种植"染井吉野",其数量不久便超过了"山樱";在向岛,1883年一次便种植了1000棵"染井吉野";飞鸟山则在1880年植了300棵,八年后又植了100棵。

樱格拉姆

到了明治中期，形成了"染井吉野"树苗的批量生产体制，"染井吉野"的种植范围扩大到整个东京，从英国大使馆前到千鸟渊再到赤坂见附，势力范围不断扩张，到1904年前后，东京行道树的三成以上已被"染井吉野"占据。[10]

在自古以来的赏樱胜地中，唯一未被"染井吉野"取代的是小金井堤，但据平塚研究，这是因为当时小金井的"山樱"尚年轻健壮、无须替换。平塚指出，若是小金井的樱树因水灾等受到过严重损坏的话，几乎可以确定已被改种成"染井吉野"了。

彻底改变的风景

为了增强满树繁花的华丽观感，人们在一个地方种植大量的"染井吉野"。这使得樱花景观变得与以前完全不同，因为"染井吉野"全都是克隆树，每棵树都是一样的。

如前所述，樱花原本是每棵树都有不同特点，花和叶片的颜色及形状都会因个体不同而略有差异。在江户时代的赏樱胜地，用种子培育并种植"山樱"是非常普遍的做法，因而每一棵树都有自己的个性。而且由于开花时间都略有差异，一棵谢了另一棵又开，所以花期延续时间很长。

然而自从换成克隆的"染井吉野"后，不仅所有的

第四章 "本家"日本的樱花

树都变成了同样的形态，而且开花和凋谢的时间也都变得一样，形成了大量樱花一起开放又一起凋落的景象。[11]

英格拉姆曾在1926年赞美小金井堤的樱花大道"每棵树都各不相同，景色美不胜收"，这正是因为小金井堤的樱花是"山樱"。

英格拉姆曾在东京见过的东大教授三好学及船津静作等樱花研究者所喜爱的，也是日本自古以来的这样一种多样化的樱花风景。

此后，从明治后期至大正，乃至昭和初年，"染井吉野"的种植扩大到全国，呈加速度增长。1906年及翌年，为纪念日俄战争胜利，各地竞相种植"染井吉野"。除此之外，大正和昭和的天皇即位纪念、1933年的皇太子诞生纪念等，但凡与皇室有关的庆祝活动必定会种植"染井吉野"。靖国神社早在1892年便已植上了300棵"染井吉野"。[12]

在1923年关东大地震之后的景观建设中，"染井吉野"也被大量使用。不论是新建了公园还是新造了建筑，凡有纪念活动都会种植"染井吉野"。"山樱"和"江户彼岸"最终被撵回它们原本生长的山里去了。曾任樱之会（参见第二章）干事的东京市公园科科长井下清在会刊《樱》第17号（1936年发行）中，就"染井吉野"的扩张情况这样写道：

樱格拉姆

在那些旧有的赏樱胜地，樱花是在"染井吉野"出现之前开始种植的，理应是固有的山樱或里樱，然而不知何时已变成"染井吉野"。更不必说全然新植的樱花，人们更是毫不犹豫地只种"染井吉野"。故而一说到樱花，几乎全都是指这种"染井吉野"了。(13)

1912年，东京市向华盛顿赠送了3020棵樱树苗，它们被种在了波托马克公园。其中1800棵都是"染井吉野"(14)，其他也有"关山""普贤象"等10种里樱，但这些里樱后来渐渐减少，除"关山"以外几乎都没有了。

在欧美兴起的"日本主义"热潮的影响下，从19世纪末到20世纪来到日本的欧美人增多，赞美日本樱花的文字记载也增加了，而这些也是以赞美"染井吉野"为主流的。第一章中提到的拉夫卡迪奥·赫恩的《稀奇日本瞥见记》写于1894年，据奎台特推断，赫恩所看到的"每一根枝条上都缀满夏日积雨云般雪白的花朵"便是"染井吉野"。(15) 不过，赫恩后来还在东京以外的地方写过关于日本寒樱①等的民间故事，关于樱花的视野有所拓展。

---

① 对先开花后长叶的樱花的俗称，如"大叶早樱""江户彼岸"等。

第四章 "本家"日本的樱花

英格拉姆第三次访日时已具有了丰富的樱花知识,首要目的是在日本搜集多种多样的樱花,因而看了很多"染井吉野"以外的樱花,并向日本人发出了许多品种的樱花正在消失的警告。作为一名外国人,当时具有这种观点的人是极少有的。

得到拯救的里樱

江户末年的某日,一个花匠站在江户一幢大名宅邸的花园里,抬头望着一棵高大的里樱一筹莫展。他好不容易恳求这家的仆人放他进了院子采集接穗,却发现树太高,自己够不着枝条。

他以前侍弄过这棵八重樱,知道它开花时美得无与伦比。

"这种樱花只有这里才有,无论如何也要采到它的枝条……"

花匠苦思冥想了一番之后,脱下脚上的草鞋,拴在绳子上向枝头扔去。草鞋恰巧挂在了一根嫩枝上,垂在空中晃荡。花匠小心翼翼地抓住草鞋,慢慢将枝条拉低,一直拉到能够得着的位置,迅速用剪刀将它剪下。

"谢谢您了!"

向仆人道过谢后,他迫不及待地离开了宅子。

樱格拉姆

"穷则变，变则通，总是会有办法的！"

花匠喜笑颜开地自言自语着，小心地捧着枝条回到家中。

这名花匠名叫高木孙右卫门（？—1898），是江户染井村一个名为"梅芳园"的苗木商的第11代继承人。

梅芳园是将军家族御用的苗木商，常年为将军家的花园和大名宅邸打理梅树、樱树等。高木家族作为将军和大名的专属花匠保持着稳定的地位，从其曾祖父那代孙右卫门起开始搜集里樱，从经常出入的宅邸要来开得美丽的樱花接穗，嫁接到梅芳园的院子里。

但之所以能够如此，也因为那是在和平年代。自从"黑船来航"[①]迫使日本在嘉永七年（1854）打开国门后，社会上便涌动着不太平的气流，情况发生了剧烈变化。

大名们的心已不在江户，他们回领藩的时间增多，不再有心思打理花园。文久二年（1862）的"文久改革"后，参勤交代由之前的隔年一次变成三年一次。又过了五年，这一制度本身亦被废除，于是大名们的身影从江户消失，宅邸也日益荒废了。

第11代孙右卫门为梅芳园地位的下降感到难过，但

[①] 又称"黑船事件"，指1853年美国以炮舰威逼日本打开国门的事件。

第四章 "本家"日本的樱花

更让他深感痛心的,是大名宅邸里的里樱正在陆续消失。

"现在不做点什么的话,这些宝贵的樱花就要全部消失了!"

情况危急,时间紧迫,孙右卫门决定亲自前去搜集樱花并将它们保存下来。

此后,他便每日在工作之余四处探访大名宅邸。起初大名们的妻儿家眷还留在江户。

"我想将贵府园中的樱花留存下来,可否让我采集一下接穗?"

他客客气气地请求对方,得以进入院中。

但是搜集的过程十分辛苦,仆人因怀疑他的身份而迟迟不肯放他进去的情况也屡屡发生。

去很远的宅邸探访时,他会带上事先切好的萝卜片,把接穗插在上面带回去以保持水分。通过一次又一次嫁接、种植的过程,梅芳园里的樱花一点点地增多了。

后来大名的妻儿眷属也撤回领藩、宅子完全空置后,孙右卫门的行动便大胆起来。

"打扰了!"

他在宅前合掌行礼后,便悄悄潜入庭院采集接穗。

对于这些樱花的名称和它们当时所在的地点,孙右卫门都做了详细的记录,他的搜集活动使多个里樱品种得到拯救、免于灭绝。据考，松平定信府上浴恩园的樱花也有相当大的一部分到了孙右卫门手中。

1885年7月，关东地区遭受台风袭击，流经江北村（现足立区江北）的荒川（现隅田川）河水泛滥，导致堤坝损毁。维修工程结束后，按照村民们的意愿，决定在大堤两侧植上樱花。大部分村民希望"种流行的'染井吉野'"。

然而，当时的村长清水谦吾（1840—1907）坚决不同意，他决定"种'染井吉野'以外的里樱"。

清水学过汉学、数学、颅相学等，是个知识分子，有着强烈的保护传统文化的意愿。他住在梅芳园附近，素来与高木家交好，知道孙右卫门在搜集珍贵的里樱。

"可否让我把梅芳园的里樱种在荒川堤上？"

对于清水的这个恳求，孙右卫门十分乐意地答应了。

清水向当地村民募捐到了295日元（相当于现在的590万日元），用它购买了梅芳园的树苗。

就这样，在翌年即1886年春天，78个品种共计3225棵的里樱树苗被种在了荒川堤上，绵延约6公里。参加劳动的是众多村民，他们都是无偿劳动。

在此过程中，英格拉姆后来也曾见过的樱花名士船津静作密切参与了樱树的种植与管理。

清水作为一名教育者也颇有成就。他在家中开设了

第四章 "本家"日本的樱花

"清水塾"教授文化知识，船津是他门下的一名学生。

"荒川堤上樱花的保护和管理工作就交给你了。"

对于当时 28 岁的青年船津的能力和对樱花的热情，清水评价很高。

此后，在船津的精心管理下，荒川堤的樱花于 1903 年前后进入观赏期，红、粉、白、黄、绿等各种颜色的樱花竞相开放，因此被称作"荒川的五色樱"而声名远扬。据说最壮观的时期一直持续到明治末年。

在"染井吉野"势头正旺的当时，清水做出的种植里樱这一决断使正在逐渐消失的日本樱花得以留存后世，真正是个"英明的决断"。江户时代开发出的约 250 种里樱中，由高木孙右卫门挺身救下的 78 种被留在了荒川堤上。

高木家的梅芳园后来也废弃了，所以荒川堤便成为里樱唯一留存的场所。如果没有清水的这个决断，许多品种应该已经消失了吧。从历史的角度来看，清水这一决断的重要性无法估量。

清水于 1907 年去世，而受命维护和管理樱花的船津在此之后对荒川堤上樱花的品种进行了详细的研究，在里樱的品种鉴定方面成了无人能出其右的权威。

之前的章节中已经写过，英格拉姆访日时曾与作为樱花名士拥有权威地位的船津见过面，并被其丰富的知识和

134

樱格拉姆

对樱花的深厚感情打动。

荒川堤在最盛时期，作为平民百姓的赏花胜地，每年春天都会举行盛大的庆祝活动。荒川上临时用来载客的小船从一大早便开始不停地运送赏花的游客，河滩上人山人海，樱树间摆满茶摊和各种货摊，还有街头艺人表演舞蹈，使赏花的气氛更加热闹。

荒川堤的里樱对樱花的学术性研究也做出了很大贡献。

被称为"樱花博士"的东京帝国大学教授三好学于1916年发表了德语论文《日本的"山樱"——其野生品种与栽培品种》，首次对日本里樱的品种做出了分类学上的归纳，他的这一研究便是基于对荒川堤里樱的观察和研究而展开的。

三好这一研究工作的背后，是船津的全方位协助。

为了写这篇论文，每年到了樱花开放的时节，三好都会和船津一道天天去荒川堤。他每天早上5点前后来到船津家，在门前等他收拾停当后，二人一道去荒川堤采集樱花标本。之所以在清晨完成工作，是为了避开赏花的游人。三好将这项日课坚持了十年。

三好初次造访荒川堤是在1903年，关于当时的情景他后来这样写道：

第四章 "本家"日本的樱花

那时我看到的樱树还很年轻，植株健康，枝叶舒展，花朵繁密，有白、红、紫红、黄、绿等各种颜色。不仅花的大小、多少及树形等各不相同，其中甚至还有散发香味的。一下子拥有如此之多的里樱可供调查研究，我当时的喜悦之情真是无以言表。

在明治中期的荒川堤植下这些里樱的巨大意义，固然在于拯救了许多珍贵的树种，使其免于灭绝并对樱花研究起到了帮助；但更重要的在于对抗了"染井吉野"逐渐一统天下的时代趋势，保护了樱花的多样性并使里樱发展壮大，让日本国民知道了它们的价值与美。

如果没有高木孙右卫门、清水谦吾、船津静作、三好学等少数几位发自内心地喜爱樱花的人的努力和行动力的话，日本的樱花真的会变成清一色的吧。

三好学这样说道：

近来东京樱花多为"染井吉野"，唯上野尚存若干彼岸樱及垂枝樱之大树……然因荒川樱新出多种里樱，观者无不为其花色花形之多样而惊讶，该樱堤之名声顷刻传遍四方。[16]

樱格拉姆

樱之会对"染井吉野"的批判

对于"染井吉野"的流行,樱花专家及资深樱花爱好者都深感苦涩。在成立于 1917 年的樱之会举行的集会上,对于"染井吉野"的强烈批判也常常成为论题。

再没有像"染井吉野"那样受到专家和樱花爱好者贬低痛骂、强烈排斥的花了,它在樱之会席间也数次成为讨论的话题。

前文曾提到的东京市公园科科长井下清在发表于《樱》第 17 号的"染井吉野"论中这样写道。从中可以看出,集会上曾就"染井吉野"展开过相当激烈的争论。井下甚至在这篇论文中写道:"去年的樱之会上,京阪①的樱花研究者提出了'染井吉野'樱排斥论。"

此外,曾在昭和初年英格拉姆的"太白"回归日本时为他和佐野藤右卫门牵线搭桥的京都人香山益彦,在 1934 年的《樱》第 16 号上写道:"(京都)新城区的电车站有'染井吉野',那些讲究风致雅趣的人、真正喜好

---

① 京都和大阪地区。

第四章 "本家"日本的樱花

樱花的人都不欢迎它,反而认为应该把它去除掉。"这反映出"染井吉野"在京都不太受欢迎的状况。

但该文同时认为"染井吉野"的势头已无法阻挡,有些无可奈何地这样写道:

> "染井吉野"樱已被批评得体无完肤,理当从樱花界消失无踪,然事实却与此相反,它视专家及爱好者的批判如无物,悠然自得地越发扩大其范围,已渐达"染井吉野"樱即樱花之地步,正所谓"好人不得势,坏人逞威风"。[17]

在东京能够观赏到"染井吉野"以外樱花的地方,就只余荒川堤和小金井街道的樱花道这两处了。

但荒川堤的里樱在明治后期迎来全盛期之后,也渐渐开始走向衰败。1910年关东地区发生洪灾后,整个大正时期都在进行大规模的改造工程以建设荒川泄洪渠,许多樱树被砍掉了。另外,由于对岸工厂排放的废烟以及周边交通量增大所带来的汽车尾气污染日益严重,荒川樱的品种年年减少。

正在日本旅行的英格拉姆在樱之会上发表演讲、直言不讳地呼吁要保留和保护樱花品种的时候,正值"染井吉野"迅猛扩张而里樱日渐衰落的这一时期。

樱格拉姆

138　　樱之会的成员们听到英格拉姆的这一警告时是何种心情呢？

其实不待英格拉姆指出，樱之会便已经在为阻止樱花衰退、保护并普及品种采取行动。他们先是在东京的驹泽村（现世田谷区）和小金井，进而在茨城县内建起了自己的苗圃，里面栽种了很多荒川堤的里樱树苗和小金井的山樱树苗。荒川堤的里樱树苗全都是由船津繁殖培育并移交给该会的，有1000多棵。

船津自己也主动开展了保护荒川堤樱花的活动，在当地组织了保护会，致力于培育树苗，以免多种多样的里樱绝迹，三好也提供了协助。

这一时期的会刊《樱》上常常能看到"正在培育树苗，以备将来把优良品种分发到各处之用"的字样。事实上，这些树苗确实被移栽到了东京的日比谷公园等处。

但是战争破坏了一切。熟知荒川堤樱花历史的樱花专家樋口惠一说：

"不久战争爆发，保护和保存樱花的活动停止。樱之会建在各地的苗圃后来怎样，完全无从得知。"

由于战争，不仅是樱树苗，还有樱之会要使丰富多彩的樱花散布到四方的愿望，都无法逃脱灭亡的命运。

"染井吉野"迅速扩张，势头猛烈到被井下称作"旁若无人"的地步。当然，"染井吉野"这一树种本身并无任何过错。

问题在于,丰富多彩的樱花被"染井吉野"取代的过程,与近代日本的军国主义化进程基本上是同步展开的。多种多样的樱花被单独一种樱花驱逐殆尽的这一过程,仿佛象征了极权主义像阴云笼罩天空一样蔓延到整个日本社会并将多种多样的价值观排斥一空的过程。

太平洋战争与"樱花意识形态"

在日本走向第二次世界大战的过程中以及战争中,樱花被军国主义加以利用,这一点众所周知。

> 你我是同期之樱
> 开在同一所军校的院中
> 你我深知　花既有开　必有凋落
> 让我们绚烂地凋落吧　为了祖国

即使是生于战后的我也知道这首《同期之樱》。正如这首军歌的歌词中所写的那样,在战争中像樱花一样凋落被视为最高美德。

如之前在关于樱花历史的部分介绍过的那样,樱花自古以来都被日本人视为生产与生命的象征,人们从盛开的

樱格拉姆

樱花中看到了生的喜悦、强韧的生命力以及重生的力量。然而随着军国主义的勃兴，关注的焦点被放在了"凋落之际"而不再是开放的花朵上。

还有一首被极为有效地用于加强军国主义意识形态的樱花诗：

人间宝岛大和心　　旭日烂漫山樱花

这是本居宣长（当时61岁）在江户时代的宽政二年（1790）所咏的一首和歌，本是赞美盛开在朝阳下的山樱高贵之美，咏叹的是作为生之象征的樱花形象，不仅与樱花凋零的意象毫无关系，也没有任何暗示死亡的意思。[18]

然而，这首和歌却被宣传得好像宣长故意将"大和心"与"凋落的樱花"结合在一起，认为只有像樱花一样高洁地凋落才是大和心的表现一样，从而被用作鼓舞日本国民为国家、为天皇而死的工具。

另外，"花中樱花，人中武士"这句古谚原本不过是"花中樱花最美丽，人中武士最优秀"这样一个单纯的意思，却被宣扬成了"最优秀的人，是像倏而开放又倏而凋落的樱花那样毫不留恋地英勇赴死的武士"这个意思一般。

大贯惠美子指出，将焦点聚集于樱花凋落之际的思想

第四章 "本家"日本的樱花

从明治时期开始渐渐出现,政府通过巧妙地将"凋落的樱花"这一意象融入小学生必唱歌曲的歌词等手段,向孩子们灌输忠于国家和天皇的思想。[19]

教育学家斋藤正二(1925—2011)说,昭和十年(1935)以后,这种逐渐渗透的思想最终发展为"樱花的社会神话",发挥出军国主义的支配性意识形态功能,甚至完全支配了全国民众的感受和想法。[20]

斋藤指出,历史学家平泉澄(1895—1984)是这一过程的总设计师,他是当时东京帝国大学国史学科的副教授(后升任教授),在这一时期作为政府和军部的智囊,通过发表论文和演讲等,宣传樱花与大和心(日本精神)相结合的思想,并使之彻底渗透到国民中去。

在这里值得重视的一点是,在以"凋落瞬间"为焦点的樱花意识形态建立起来的过程中,当时以疾风暴雨之势被大量种植的"染井吉野"所呈现的景观起到了强烈的推动作用。

在"染井吉野"出现之前,樱花行道树给人的印象并非倏尔开放又倏尔凋落的,因为不同的树开花时间略有不同,也并非一起凋谢的。佐藤俊树说,在"染井吉野"登场之前,比起凋落的樱花来"人们更重视的是次第开放的樱花之美"。[21]

因大量种植"染井吉野"而产生的"一齐开放,又如花瓣雨般一齐凋落"的樱花景象，为政府向国民中渗透刻意强调"凋落瞬间"的军国主义意识形态提供了绝好的意象。

事实上，宣长所咏的樱花以及"花中樱花，人中武士"这句谚语中提及的樱花都是"山樱"，但军国主义意识形态所利用的樱花意象则全都是"染井吉野"。

当整个日本社会都被一种樱花所占据时，基于"樱花的社会神话"而建立起来的"樱花意识形态"也被人为地同步制造出来，渗透到整个国民中去，其后发挥了极其强大的影响力。

消失在战火中的樱花

对于这样一种被樱花意识形态所支配的情况，樱之会的成员们是如何反应的呢？

有件事情值得关注——常年为会刊《樱》撰稿并与樱之会有着密切关系的国语学者山田孝雄曾在战前写过一篇对樱花意识形态提出强烈批判的论文，该文现收录于由山田稿件汇集而成的名著《樱史》中。

该文题为《日本精神与本居宣长》，[22]原发表在1941年1月的《朝日新闻》上。在文章的开头，山田先是举出宣长那首"人间宝岛……"的和歌，然后这样写道：

第四章 "本家"日本的樱花

据说樱花乃吾国之国花、日本精神之象征，然而说到樱花在何点上象征了日本精神，近来世间流传的学说有令人难以苟同之处。如果从樱花凋落之高洁或是符合武士道精神之类的观点出发来解释，就不能说是真正了解樱花。

山田还指出，欣赏樱花的正确方法是只需玩赏花的美丽就好，"从道德观的角度加以阐释或从哲学角度加以探讨的做法也许很受当今社会欢迎，但若是从真正的日本精神来考虑，则让人无法赞同"。

在此之前，山田还曾于1938年就"花中樱花，人中武士"这句俗谚在《中央公论》上发表过一篇文章，认为将樱花与武士道精神结合在一起的说法并无根据，其中也干脆地批判了当时强调樱花的凋落瞬间的社会风潮，指出"凋落是任何一种花都有的现象，无法说是樱花的特色"。

对于山田的言论，斋藤认为，在极权主义笼罩下的昭和年代能够提出这样的见解，"非有相当的卓识和勇气无法做到"，赞赏"山田具有闪亮的理性主义目光"。

山田的观点属于他个人，并非为樱之会代言，但反对"清一色的樱花"、重视"多种多样的樱花"并为之采取了保护行动的樱之会和船津、三好等人，与对樱花意识形

樱格拉姆

态提出异议的山田,在姿态上有着共同之处,因为二者都是逆着将一切都涂成清一色的时代潮流而进、为保护即将消失的宝贵事物而发声呐喊的姿态。

但极权主义的狂潮将少数派吞没了。

日本于 1931 年发动"九一八"事变,翌年宣布成立伪满洲国,进而于 1933 年退出国际联盟,日本在与国际社会相孤立的道路上越走越远,并在 1936 年与同样退出国际联盟的德国和意大利缔结了《反共产国际协定》(后来发展为军事同盟)。翌年即 1937 年,全面侵华战争爆发,太平洋战争迫在眉睫。

山田的声音最终"被整体社会思潮所发出的轰鸣声淹没","消失在孤立无援中"了。[23]

樱之会也随着军靴声日渐逼近而渐渐染上了战争的颜色,最终屈从于国策了。

1940 年出版的《樱》第 21 号上写道,"随着时局的变化,例会等已不再是唱'樱花啊樱花'之类小调的轻松愉快的气氛了",还报道了会员捐赠的樱花盆景通过东京市公园科被转赠给"防共同盟国"德国和意大利,以及中国东北地区的消息。

太平洋战争打响后,连集会的举行也变得困难了,1942 年 4 月的集会在空袭警报下举行,时断时续地开到最后,其情况在会刊中也有记载。

第四章 "本家"日本的樱花

这年发行的《樱》第 22 号中充斥着战争色彩。

日本军胜利之根本在于，一心为天皇陛下无悔献身的神代①以来的樱花精神已默默充溢。盛放在朝阳下的山樱的崇高身姿是一亿国民的气魄，盛开只为毫不留恋地完成使命，这就是我们的国民精神。

胜利，胜利，永远胜利

亿民一心，化作一团火

同一期上刊登的会长鹰司信辅的论文题目是《进军樱》，鹰司写道：

因其毅然凋落的高洁品质，作为大和心的象征自古便与武士道精神相通，故而樱花被认为是皇国完成本次大东亚战争不可或缺的一个要素。值此樱花盛开、山野烂漫、大东亚战争无往不利之际，我等思及樱花，不胜感慨之至。[24]

---

① 神治时代，指《古事记》《日本书纪》中记载的从开天辟地至神武天皇的时代。

樱格拉姆

曾经就一种樱花好还是多种樱花好展开过论战的樱之会，已完全被樱花意识形态浸透了。

热爱多样化樱花的船津静作已于 1929 年过世，三好学也于 1939 年仙去，整个日本笼罩在"亿万民众一团火"的狂热之中。在这样一种情况下，樱之会在 1943 年出了最后一期会刊之后便自然消亡了。

樱花意识形态在战争末期甚至被利用到日军的特攻战①上。

特攻队由海军中将大西泷治郎（1891—1945）策划建立，他将 1944 年 10 月首批出击菲律宾莱特湾（Leyte）的 24 架战机分别命名为"敷岛队""大和队""朝日队""山樱队"，名称全部取自本居宣长的那首和歌。

特攻队飞机的白色机身上绘着粉红色的樱花，小型滑翔机被称作"樱花"，炸弹被称作"樱弹"。在樱花开放的季节出击的队员们，军服上别着樱花枝条，手中挥舞着樱花枝条，飞去执行只有死亡等待着他们的任务。[25]

为了虚幻的"大东亚共荣圈"而在国外战斗的日本士兵们就这样被彻底洗脑，心中根植下象征忠诚和高洁之死的樱花形象。与此同时，在日本国内，靖国神社的数百

---

① 自杀式袭击。

第四章 "本家"日本的樱花

株樱花正在盛放，士兵们被告知他们死后会在这里化作英灵。这些盛开的樱花基本上都是"染井吉野"。

146

樱花还越过国界扩张到亚洲，随着日军侵略的步伐被种植到各个地方。数以千棵甚至万棵计的樱花从日本运往朝鲜半岛、中国东北及其他地区并被种下，这些也大半是"染井吉野"。

樱花意识形态导向的是毁灭。日本战败，樱花神话随之消亡，建设"大东亚共荣圈"的狼子野心也灰飞烟灭。在丧失理性的樱花神话的蛊惑下，有260万名年轻人的生命与樱花花瓣共同陨落，日本国内和亚洲各国也有无数人丧生，日本化为一片废墟。

荒川堤的里樱在船津死后愈加衰败，到了第二次世界大战前的1938年，品种已减少到32个。接着是第二次世界大战和日本投降，在战后的混乱中，仅剩的一些樱花被砍掉用作木柴，荒川的五色樱全军覆没，梦想着将多彩的樱花种植到四方的船津等人的心愿最终化作泡影。

第五章　在英国幸存下来的樱花

不列颠之战

军方认为德军登陆是确定无疑的。敌人恐怕会从陆空两路发起进攻吧。我们乡土卫队（国防市民军）的任务就是在大部队到来之前尽可能地设法拖住敌军的进度。[1]

1940年8月25日，59岁的指挥官英格拉姆召集博耐顿乡土卫队的队员们，就德军入侵时的应对方法做出了指示。

德军登陆时，整个村子的教堂会持续鸣钟15分钟，钟声一响，乡土卫队就要带着来复枪和燃烧瓶直奔指定的

第五章 在英国幸存下来的樱花

战斗地点,对主干道路上设置的防御工事进行检查后,隐蔽在周围的灌木丛等处待命。"对敌人发动突袭式的游击战很重要"——英格拉姆面色紧张地吩咐道。

在博耐顿上空,从7月中旬开始已打响"不列颠空战",目空一切地向欧洲大陆各国发起进攻的希特勒为实现下一个目标——登陆英国,正试图获得制空权。博耐顿距英吉利海峡的海岸线仅有24公里,形势紧迫。

村中实行了严格的灯火管制,每晚9时至次日早晨5时,乡土卫队在黑暗中沉睡的村庄里轮班巡逻,一有可疑情况便立即向指挥官英格拉姆报告。

"夜间的警戒是乡土卫队的主要任务之一,请大家提高警惕,做好巡逻!"

英格拉姆这样激励大家道。

在这样的局势下,英格拉姆自然不可能继续进行樱花研究,但他此时心中燃烧着爱国之火。平时英格拉姆并不是个热衷于政治的人,但战争开始后他便与其他众多国民一样,喊着"打倒希特勒"的口号,怀着保卫祖国的使命感,迅速志愿加入了乡土卫队——必须打倒"恶魔的化身"纳粹党!

前首相张伯伦对德国采取的绥靖政策失败后,强硬派首相温斯顿·丘吉尔(1874—1965)在战争打响后的

樱格拉姆

1940年5月掌握政权，宣布对希特勒发起坚决抵抗，英格拉姆也非常支持丘吉尔。

但夜间巡逻是个很辛苦的任务，随着时日渐久，有的成员开始有了怨言。

可能有人觉得巡逻沉闷无聊、没有必要，但是不要忘了，我们稍一疏忽就会给希特勒可乘之机！

（摘自1940年8月末至9月初的日记）

在对乡土卫队进行的演说中，英格拉姆这样鼓舞士气道。

"不列颠空战"异常惨烈。与英格拉姆一家交好并多次造访过格兰奇的帕特里夏·索伯恩当时13岁，在萨默赛特郡的一所寄宿制学校读书，当时正值夏天放假回到家中，在自家院中看到了战斗的情景。

"德军战斗机一组成队形飞到上空，英军战斗机就从相反的方向冲进来，把它的队形破坏掉。我看到双方被冲散后的战斗机在空中上下翻飞盘旋战斗的情景。"

住在格兰奇区域内的露丝·托尔赫斯特当时14岁，同样是在寄宿制学校放假回到家中时目睹了战斗的情景。

"我和朋友们一起来到外面看天上的战斗，因为年纪小，所以也不觉得害怕，大家一起向空中大喊，为英军

第五章　在英国幸存下来的樱花

加油。"

偶尔会有被击落的战斗机坠落到博耐顿,索伯恩家附近的旷野上也掉落过两架因与自己人误撞而坠落的英军战斗机,两名飞行员都当场死亡。但也有飞行员靠降落伞幸运生还的。152

战争时期的博耐顿

战斗机的坠落也波及英格拉姆的住宅格兰奇。

> 8月和9月,博耐顿上空展开了激烈的空战,敌我双方的几架战斗机坠落在村子里,有一架猛撞到我家的大门上。

英格拉姆在这年11月10日写给澳大利亚亲戚的信中讲述了这样一件凶险的事。信中并未提及受损程度,在英格拉姆留下的大量资料中也未发现关于此事的详细记录,现仍在世的他的家人也不知道事故造成的损害情况。

但种种情况表明,损害也波及位于大门附近的樱园里的樱花。平时在格兰奇内被保护得毫发无损的樱花此时经历了唯一一次巨大的危险。

英格拉姆在这封信中还记录了一个小插曲:"前几日

樱格拉姆

抓获了一名跳伞逃生的德军飞行员,获得表彰。"

飞行员已十分虚弱,未做任何抵抗就投降了,让人感觉十分可怜,不是一次愉快的经历。

处置战俘也是乡土卫队的职责之一。英格拉姆与军方联络后,将飞行员移交给了他们。

在"不列颠空战"中,德国空军起初在空战的同时还对英国的军事基地和军需工厂展开猛烈轰炸,保持着优势;但在8月末德机误炸伦敦后,英军对柏林进行了报复性轰炸,进入9月,德国又反过来对伦敦进行了报复性集中轰炸,这成为一个转折点。英军在此期间重新调整了状态,在之后的战斗中进行了破釜沉舟的抗击。

英国国民也士气高涨,并未因反复的轰炸而丧失斗志,而是充满了抗击希特勒的正义感。

"我从没有一天怀疑过英国会获得胜利。"

现已89岁高龄的托尔赫斯特回顾当时的情景,掷地有声地说道。希特勒还要准备与苏联的战斗,左支右绌,终于在1940年的9月末决定无限期推迟登陆英国的战斗。

"不列颠空战"是一场决定英国命运的战役,成为大战中阻挡希特勒攻势的一次重要部署。对此,英国国民至

第五章　在英国幸存下来的樱花

今仍感到非常自豪，肯特郡博耐顿的居民们也在看着天空中战斗情景的过程中孕育出强烈的爱国心，发挥了团结之力。

战后在博耐顿教区教堂"圣乔治教堂"担任牧师的杰索普·普赖斯的儿子安东尼为我讲述了"不列颠空战"后来的故事。

据他说，战斗中坠落在博耐顿的德军战斗机的三名飞行员死后，遗体未被火葬，而是埋在了"圣乔治教堂"区域内，并在战争结束20多年后又被送回了德国。

"到了1960年代，德国政府与父亲联系，说想接回三人的遗体，于是我们掘开坟墓，将遗体交给了德国政府的工作人员。"

在战争中将三人埋葬、又在战后负责挖出遗体的，是在教堂隔壁的格兰奇作为住家花匠协助英格拉姆打理樱园的西德尼·洛克。

此后战争又持续了近五年，博耐顿也持续着非常状态，全寄宿制的著名私立女子学校博耐顿女校被迫迁移到西南部的康沃尔郡，空出来的校舍被用作大型军队医院，许多伤病员被送到这里接受治疗。

守卫在后方的女性们加入"妇女土地服务队"（Women's Land Army），承担起农业劳动，因为随着战争时间越来越长，英国国内的粮食严重不足。肯特郡有约

· 163 ·

樱格拉姆

4200人志愿加入服务队，博耐顿的妇女们也奋勇投入体力劳动，学会了在农田里驾驶拖拉机等。[2]

英格拉姆在担任乡土卫队指挥官两年多后卸任，此后仍作为乡土卫队的一员参加轮班巡逻，但已开始抽时间一点点重新开始樱花研究。抱着在战后出版一本真正的樱花研究著作的想法，英格拉姆只要一有时间，便会爬到格兰奇阁楼的书斋里去撰写樱花的观察记录，并留下写生资料。

希特勒并非完全放弃了登陆英国的计划（"海狮计划"），在"不列颠空战"之后，德国空军仍不肯罢休地继续空袭伦敦，还对伯明翰、希里斯托尔、诺丁汉等其他许多城市进行了轰炸。前往目的地进行轰炸的轰炸机从博耐顿上空飞过时的隆隆声，英格拉姆定是日日听在耳中，我想他定然在为担心樱园受到进一步破坏而忧心忡忡。

此外还要担心家人的安危。

英格拉姆的三个儿子都上了战场。26岁的小儿子阿拉斯泰尔（Alastair Ingram，1913—1975）是一名职业陆军军人，在大战爆发后不久便被派遣到中国香港，然后又被调回欧洲，在意大利战斗。31岁的二儿子默文（Mervyn Jeffry Ingram，1909—1993）作为随军医师奔赴北非战场。33岁的大儿子艾弗（Ivor Laing Ingram，1907—1990）也作为空军的志愿预备兵参加了战斗。

第五章 在英国幸存下来的樱花

大战末期，妄图挽回劣势的纳粹德国从欧洲大陆向英国发射了许多秘密研制的新型武器 V-1 导弹。

V-1 导弹是一种可称为现代巡航导弹鼻祖的武器，它伴随着刺耳的嗡嗡声从高空飞来，在引擎停转的瞬间发生爆炸，拥有巨大杀伤力，因而民众均陷入恐慌。英国人将其称为"飞行炸弹"或"小甲虫"[①]。

V-1 导弹的主要发射目标是伦敦，但也有很多未能飞到目的地便中途落下爆炸的，博耐顿也掉落过 32 发，造成 5 名村民不幸身亡。

"掉在牧场造成家畜伤亡的情况也屡有发生，我父母的牧场也遭到了破坏，死了一些牛和马。"

帕特里夏·索伯恩回忆道。

英国空军不得不花费很多时间拦截和击落 V-1 导弹。

此后，德国又研制出比 V-1 导弹更加先进的 V-2 导弹，不仅向英国，而且向刚刚解放的法国和比利时发射，这种导弹以超音速飞行，来时毫无征兆，不可能被拦截，所以令同盟国十分头疼。

但大局已定，1945 年春盟军开始攻打德国，希特勒于 4 月 30 日自杀，5 月 7 日德国投降，欧洲战事结束。

[①] 原文为 doodlebug（蚁狮），中国多将之译为"小甲虫"。

樱格拉姆

幸存下来的樱园

"战争结束了!"

"灯火管制也没有了!"

停战的消息刚一发布,博耐顿的居民们便一拥而出,在街上载歌载舞直到深夜,英格拉姆也舒了一口气。

格兰奇的樱花在大战的五年间目睹了上空的激烈战斗,也遭受了战斗机坠落造成的损伤,并始终听着轰炸机在头顶上穿梭往来的轰鸣声。尽管也有些樱花受到了部分损伤,但多数还是平安地幸存了下来。

战争结束的时候,"菊樱""普贤象"等迟开的樱花也许正在绽放吧。这宣告着时隔五年的和平之春到来的樱花,该给英格拉姆一家和博耐顿的居民们带来了多么大的安心和喜悦啊!

此时,在正处于太平洋战争最末期的日本,破坏正在加剧。仅仅数月之后,樱花的祖国宣布投降,全国各地的樱花都被砍掉用作木柴,荒川堤的里樱也全军覆没。

庆祝胜利的英国樱花和战败后日趋衰亡的日本樱花——分别生长在战胜国与战败国这两片不同国土上的樱花,也分别迎来了光明和黑暗的不同命运。

第五章　在英国幸存下来的樱花

不过，英格拉姆的樱园里竟有许多在日本已经灭绝的樱花得以幸存，这着实令人惊讶。来到英国后的樱花未被用作战争宣传，得以在格兰奇宁静地生存了下来。

战争结束，出征的三个儿子也平安归来了，但英格拉姆家还有一个悬而未决的大问题。

那便是小儿子阿拉斯泰尔的未婚妻达夫妮（Daphne，1914—2008）在香港成了日军战俘的问题。达夫妮在1940年作为护士奔赴香港的战地医院，在日军占领香港时被捕，在战俘营度过了三年多的时间。阿拉斯泰尔在欧洲战事初起时曾被短期派驻香港，两人便是在那时相识并许下婚约的。

阿拉斯泰尔在日军进攻香港前被调回欧洲，而留下的达夫妮成了战俘。

1945年8月日本投降后，战俘营获得解放，在三个月后的11月，达夫妮搭乘一艘经由加拿大的轮船终于回到祖国，二人时隔四年得以再次相见。

1947年1月，阿拉斯泰尔和达夫妮在英国结婚。阿拉斯泰尔是陆军军人，所以婚后仍被派往英国在德国、利比亚、埃及等地的海外基地，新娘也随他同行。这期间长女希瑟于1948年出生，长子彼得于1950年出生，夫妇二人经营着一个幸福的家庭。

樱格拉姆

1953年阿拉斯泰尔从陆军退役后，一家人回到英国，正巧那时露丝·托尔赫斯特的父亲，即帮英格拉姆打理农场的艾伯特年事已高，阿拉斯泰尔便接管了农场，一家人此后便居住在格兰奇的后面，与英格拉姆夫妇每日往来、一起旅行等，保持着极为密切的关系。

在阿拉斯泰尔还在国外居住的1948年，英格拉姆出版了他期盼已久的樱花著作《观赏性樱花》。该书为带硬皮封面的精装本，共259页，是英格拉姆倾注了对樱花的全部热爱与热情，基于长达30年的观察与研究撰写而成的集大成之作。

谨以此书献给所有种植过樱花的人，无论信条、阶层或肤色。你们怀着良好的意愿，也许并不自知地（通过种植樱花）使这个世界变成了一个更加美丽、舒适的地方。

打开这本书，首先映入眼帘的是英格拉姆的这样一段话。

该书所预设的读者既包括几乎没什么樱花知识的普通人，也包括植物学家等植物方面的专家。该书一方面就樱花的特性、种植方法、培育方法等向初学者进行了浅显易懂的详细说明；另一方面也就樱花分类学的历史及品种的

第五章 在英国幸存下来的樱花

学名展开了专业性探讨。

该书还涉及长达 1000 多年的日本樱花文化史，介绍了里樱在江户时代繁荣发展和在明治维新后的近代化过程中不断消失的过程，以及为拯救即将消失的樱花而付出努力的人们，并举出了清水谦吾等人的名字。

最精彩的部分是基于他在格兰奇樱园的观察，对各个野生品种和栽培品种（里樱）逐一进行的详细解说。关于野生樱花，除日本的 10 个品种外，英格拉姆还拥有中国和尼泊尔等国的野生品种，所以书中总共介绍了 69 个品种。

里樱则全是日本的樱花。书中按照花的颜色将其分为白、浅粉、深粉、绿或黄四组，对共计 60 种里樱进行了介绍。文中还加入了他在日本采集樱花时的经历等，生动活泼，十分具有说服力。除了自己拍摄的照片以外，还加入了他亲手绘制的多幅彩色樱花插图，使此书更加充满魅力。

对共计 129 种樱花进行了综合性介绍的这本著作，是欧洲第一部真正意义上的樱花论著，直至今日仍是全世界樱花爱好者与研究者最基础的"圣经"。

这本书最大的特点是，其中所涉及的每种樱花都是英格拉姆本人搜集并在自家樱园中加以培育观察后逐个确定品种名称的。

樱格拉姆

和平景象的背后

第二次世界大战后，英国内外情况都发生了巨大变化。在国内，强有力地主导了战争的保守党首相丘吉尔在欧洲战事刚刚结束后的大选中惨败给工党，真正意义上的工党政权诞生了。身为帝国主义者的丘吉尔首相执着于维护帝国权威，错误地估计了从战前便已兴起的工人运动的巨大力量。

在工党政权下，中央银行和重要产业被收归国有，此外，还建立起免费的国民医疗制度，富人阶级的所得税税率在战争时期高达 99.25%，战后仍因要填补战费亏空和筹措建设福利国家所需费用而丝毫未有降低，英格拉姆一家也受到了巨大影响。

在国外，英国最大的殖民地印度在 1947 年分裂成印度和巴基斯坦两个独立国家，失去了重要支柱的大英帝国的崩塌已成必然。此后便势如雪崩一般，缅甸和马来半岛等其他亚洲殖民地也一一摆脱英国的殖民统治，英国失去了权威。到 1950~1960 年代，非洲殖民地也纷纷独立了。

虽然时代处在这样的巨变当中，但战后的博耐顿仍恢复了往日的和平景象，阿拉斯泰尔一家搬到了格兰奇附近居住，英格拉姆一家也迎来了宁静和幸福的时光。

第五章　在英国幸存下来的樱花

"我常去爷爷那里玩,与朋友们及弟弟一起在樱园周围捉迷藏。"

阿拉斯泰尔和达夫妮的长女希瑟还清楚地记得1950年代格兰奇的光景。一家人移居到英格拉姆宅邸后面的农场时,希瑟8岁。阿拉斯泰尔在农场种植小麦和黑醋栗等,还饲养了奶牛和羊等家畜,希瑟会和比他小两岁的弟弟彼得一起,穿过格兰奇的樱园把牛奶和奶油给祖父母送去。

英格拉姆有12个孙辈,其中他特别疼爱开朗活泼、喜爱植物的希瑟。院子里的温室一般是不让小孩子进的,只有希瑟被特别允许进入其中。

"狭小的温室里摆满了盆栽,几乎没有下脚的地方,爷爷跪在地上给我讲花的名字。"

英格拉姆还在温室里培育了葡萄藤,结果实的时候会给希瑟吃。果实里种子很多而果肉很少,但那仅有的一点果肉格外甜,令她在将近40年后仍然记忆犹新。

春夏季节,阿拉斯泰尔会将羊群从农场赶到格兰奇去,这是为了让它们啃食樱园地面的草坪。当时还没有便利的电动式割草机,所以草坪的草长高之后就任凭羊群随意啃食。樱树下还有鸡在奔走觅食,一派悠然闲适的景象。

阿拉斯泰尔一家每年夏天都和英格拉姆夫妇一道去苏

樱格拉姆

格兰度假。

达夫妮和英格拉姆的关系也十分融洽,她叫公公"切里"①,经常开车载着特别爱吃美洲龙虾的"切里"去南部海岸小城黑斯廷斯购买新鲜的龙虾和鱼。这时英格拉姆便会带达夫妮去古玩店,买些古色古香的家具给她。

然而达夫妮的内心深处始终埋藏着一团阴影,那是在第二次世界大战中成为日军战俘的经历留下的。对于被俘期间的经历,她在战后数十年间从不曾跟家中任何人讲述,只是一个人默默地藏在心底。但在1960年代以后日本生产的汽车和电器在英国大受欢迎时,她却从不购买,对与日本有关的东西看也不看,从这样一种态度中可以感受到她内心的痛苦。

达夫妮喜欢植物,在农场的一角种了些自己喜爱的花草树木以享受园艺的乐趣。英格拉姆把格兰奇院中野生的仙客来、香桃木、百瑞木等许多花木分给了这个儿媳妇。

但她唯一坚决不肯接受的,是公公热爱的日本樱花的树苗。

他们一家的农场里,有一片英国原产的欧洲甜樱桃的果园并年年收获樱桃,但一家人始终也没在院中种过日本樱花。达夫妮虽然什么也没跟公公说过,但她无论如何也

---

① 即"Cherry"(樱花)的音译。

第五章　在英国幸存下来的樱花

做不到将日本的樱花纳入自己的生活空间。

对于母亲在被俘期间看到了什么、经历了什么，作为儿女的希瑟和彼得也一无所知。在战争结束62年后的2007年，二人才第一次得知母亲的痛苦，因为有一位女记者为创作一本关于第二次世界大战中英国战地护士的书来采访达夫妮，达夫妮向她初次吐露了种种黑暗的记忆。此时她93岁，已是人生暮年。

这位记者是家住肯特郡的妮古拉·蒂勒（Nicola Tyrer），以基于女性体验描写战争而著名。她对达夫妮的采访内容在其2008年出版的著作《战地护士》（*Sisters in Arms*）中有详细介绍。

以下根据《战地护士》中的叙述整理一下达夫妮的经历。

"黑色圣诞节"

中国香港自1842年因鸦片战争而成为英国的管治地区以来，作为英国在远东的资本主义据点获得了繁荣发展。

它还是大英帝国重要的海军基地，在太平洋战争开始时，除英国的陆、空军部队外，还驻扎了由印度人组成的连队和加拿大部队，另外还有当地中国人所组建的"香港义勇军"。

樱格拉姆

达夫妮作为护士从 1940 年 9 月开始在香港最大的军队医院，即位于香港岛西北部毗邻维多利亚港的宝云道医院（Bowen Road Military Hospital）工作，当时她 26 岁。

去香港之前，她一直在肯特郡的军队医院服务，每日不眠不休地看护"敦刻尔克大撤退"（1940 年 5~6 月）中的伤病员，所以对她来说，在香港的生活起初轻松得几乎有点不真实，也有充分的自由时间。也正是在这个时候，她与未来的丈夫，即作为英国陆军士兵驻扎香港的阿拉斯泰尔·英格拉姆相识，两人一起去玩帆船、打网球等，度过了一段快乐的时光。

但是在翌年 12 月日军发动侵略之后，一切都改变了。1941 年 12 月 8 日，日本偷袭美国珍珠港并正式宣战，太平洋战争自此爆发。随后日本陆军飞行战队从广东起飞，对香港启德机场发动突然袭击，同时陆军各部队向九龙半岛发起进攻，转眼之间便将其占领。后来，登上香港岛的日军一度受到英军的游击进攻，经历了一番苦战，但在破坏了香港岛唯一的蓄水池、使其供水完全中断之后，占据了优势。

英军在 25 日圣诞节这天向日军投降，香港仅坚持了 18 天便被日军占领，这一天作为"黑色圣诞节"在历史上永远地留下了一笔。

在此期间，达夫妮切身体会到日军不断逼近所带来的

第五章 在英国幸存下来的樱花

恐惧。

战争刚一打响,她便被分派到香港岛中部圣艾伯特修道院(St Albert's Convent)内的野战医院,每天一边听着炮轰的声音,一边看护着不断增加的伤员。

12月18日近午时分,巨大的爆炸声响起,医院区域内的护士食堂遭到日军炮击,正在准备午餐的同事布伦达·摩根(Brenda Morgan)当场死亡,在附近的护士长凯瑟琳·汤姆森(Kathleen Thomson)也受了伤。达夫妮那天轮到夜班,碰巧正躲在地下避难,得以躲过一劫。5天后医院被日军占领,所有人都成了战俘。

从12月8日"香港保卫战"开始到25日英军投降,这期间日军在香港各处犯下了种种残忍的罪行,这一点已通过幸存者的证言、战后的国际军事审判、相关各国的调查以及众多研究者的调查研究等明白无误地展现在世人面前。

其中尤以英军投降的"黑色圣诞节"那天发生在圣士提反书院(St Stephen's College)① 的屠杀和强奸事件,作为最残忍的事件之一在战后广为国际社会所知。

这所位于香港岛最南端赤柱地区的学校在即将开战时成为野战医院。随着日军从香港岛北部发起猛攻,英军被

---

① 香港当时最大的中学,位于香港岛南区赤柱东头湾道22号。

迫向南部撤退，不久战斗便打到了医院附近。英军为应对日军的攻击，在医院周围和内部也布下了阵地，所以医院本身也成了战场。

以下所述事件内容主要依据加拿大安大略省麦克马斯特大学（McMaster University）查尔斯·G. 罗兰（Charles G. Rowland）教授（专攻医学史）1997 年 1 月发表在英国权威学术期刊《当代历史杂志》(Journal of Contemporary History) 第 32 卷第 1 期上的论文《香港屠杀及强奸事件》。这篇论文基于远东国际军事法庭审判记录，中国香港、英国、加拿大等国家和地区的公文记录，其他研究者的论文和著作，以及罗兰教授与幸存者亲身接触所得的证词等撰写而成。此外，以下内容还参考了妮古拉·蒂勒的《战地护士》。

12 月 25 日凌晨 5 点半前后，150~200 名日军士兵冲进医院，枪杀了迎出来准备投降的乔治·布莱克（George Black）上校之后，闯入医院，将躺在病床上的 50 多名伤病员用刺刀一一杀害。

这之后，日本兵将看护伤病员的女性关入楼上的房间，对五名中国女性进行了多次强奸，在强奸了三名英国女性之后用刺刀将她们残忍杀害，几名中国女性应当也是被杀害了。还有四名英国女子遭到轮奸，但幸存了下来。

受害的女性除战地护士外，就是由中国人和英国士兵

第五章　在英国幸存下来的樱花

的妻子组成的"急救看护服务队"的成员。她们自愿报名参加了为弥补战争开始后护士人手不足而紧急组建的服务队，在各地的野战医院从事护理工作。事件发生时所有人都穿着护士服，佩戴着红十字袖标。

另外，医院里余下的男性被集中到一个小房间，每隔30分钟到1小时便有一两个人被带到走廊上枪杀。

日军后来对枪杀伤病员一事给出的解释是：因为医院区域内有人向日军开枪，并且医院里有武装的士兵，所以"不知道伤病员是真正的病人还是伪装成病人的武装士兵"。[3]

多名医疗工作人员和伤病员惨遭强暴和杀害的这一事件令英方十分震惊，因为虽然是在战争期间，但不加害伤病员和医疗人员，以及人道地对待战俘，始终是一项国际共识。

人道地对待和保护战争中的伤病员、战俘及军人以外的一般人员这一点，在1864~1929年三次签订的《日内瓦红十字条约》①中有明确规定，已批准加入此公约的参战国都要遵守这个公约。日本从一开始就参加并通过了关于保护伤病员的条约，但有关战俘待遇的条约由于军部的

---

① 最早签署于1864年8月22日，1906年和1926年两次进行补充和修订，全名为《改善战地武装部队伤者病者境遇之日内瓦公约》。

反对而未能通过。

在香港保卫战中，同样的残暴行为和强奸事件在其他地方也多有发生，这些事件的情况转眼之间便传入了达夫妮等战俘们的耳中。

达夫妮所见

达夫妮成为战俘后的经历是这样的。[4]

英军投降后，达夫妮等护士和医生在圣艾伯特修道院的医院里继续进行了一段时间的护理工作，因为从其他野战医院转送来很多伤病员，需要她们看护。

医院里病床不足，伤兵被收进了搭在修道院区域内的帐篷里。

在医院里，食物不足是个大问题。起初靠着储备的面包和罐头还能勉强对付，这些吃完之后就只能煮些日军不定期发放的大米给病人吃，但供应量并不够。

到了翌年即1942年的2月，达夫妮等医疗人员被用货船转运到九龙半岛的另一所医院，那是一所由法国修女经营的修道院改建而成的野战医院。在此之前，在12月8日的日军攻击中受伤的护士长凯瑟琳·汤姆森已经康复，重新回到了管理护士们的岗位上。

达夫妮等人一到这所医院就被极度恶劣的卫生环境惊

呆了。患者中已开始流行痢疾，但日军不给病人提供药物，食物也只提供很少的一点大米。达夫妮等护士们自己基本上什么都不吃，把大米磨碎做成流食给病人吃，但由于完全没有盐等调味品，许多患者因吃不下寡淡无味的流食而最终去世了。

接下来出现的是白喉的流行。从其他医院转送过来的战俘中有一个人患有严重的白喉，来了之后便立即传染给其他患者。没有医疗人员所需的防护用品，达夫妮她们便戴着用床单撕开做成的口罩进行护理，但许多患者还是死了。日军持有大量患者所需的药物却不给战俘用，因此汤姆森护士长几乎每天都去日军将领的办公室恳请他们发放药物，但只有一次得到了少量已经过期的药物。

在这样一种恶劣的环境下，医生们为了略微减轻病人的痛苦，瞒着日军偷偷地给病人做气管切开手术。有一名从其他战俘营被转送过来的医生将刀子等医疗器具藏在袜子里带了过来，大家便用这些器具进行手术。在没有麻醉、环境又不卫生的条件下做这些手术是十分危险的。

食物短缺日益严重，达夫妮等护士们靠喝热水来挨过饥饿。

日军禁止战俘做记录，但每当有战俘死去时，汤姆森护士长便会偷偷记下他们亲属的名字和地址，藏在装香料用的小罐子里保存起来。战后，护士长按照这些记录给他们的遗属写信，告知他们死者临终时的情况，遗属们对此感激万分。

当年8月，达夫妮等护士被再次移送到香港岛另一处战俘营，即建在最南端赤柱地区的"赤柱拘留营"。拘留营占地很广，曾发生过虐杀事件的圣士提反书院的校舍也被用作战俘的宿舍。

此后三年间，护士们便在这幢校舍里生活起居。战俘营里除英国人之外，还有美国、挪威和荷兰的战俘，以及普通百姓。

"战争中的人完全是听天由命，如果我被送到了新加坡的战俘营，恐怕就不能活着回来了吧。"

达夫妮这样对蒂勒说道。赤柱拘留营不像其他日军在远东的战俘营那样惨无人道，战俘们只要在看到日本士兵时不忘深鞠一躬，便可以在区域内自由走动。至于其原因，达夫妮推测可能是因为战俘营里也有普通百姓的孩子，日本人喜爱孩子的天性使然。

然而战俘的生活是非常艰苦的，饭食一日两次，上午10点和下午5点各一次，通常只有少量的米饭和极少的一点水煮蔬菜，偶尔会有一点点肉或鱼，基本上没有蛋白质来源。无法获得蛋白质，达夫妮她们便用日军配给的臼和杵将米捣碎，在屋前升起火来将其烤成类似薄煎饼（pancake）一样的食物来果腹。但营养不良无可避免，战

第五章 在英国幸存下来的樱花

俘们体重锐减，腹泻和脚气病①等疾病在战俘中蔓延。

三年间，由国际红十字会提供给战俘们的包括牛肉罐头等在内的捐助品只有三次到达了他们手中。

并且战俘与外部的通信起初是被完全禁止的，护士们第一次得以给家人写信报平安，是在一年之后的1943年夏天。

与达夫妮共同经历过战俘生活的护士中有一位叫作莫莉·戈登（Molly Gordon），她是在圣士提反书院发生的日军虐杀强奸事件中遭到轮奸的四名英国护士之一。戈登在事件发生的次日被一名来到学校的英军军官救走，然后在宝云道医院进行了一段时间护理伤病员的工作之后，被送到了赤柱拘留营。

戈登开始战俘营生活的时候，事件已过去八个月，但她身心极度憔悴，无法忍受在事件发生的校舍里生活。在战俘营里负责管理护士们的"戴森小姐"实在看不下去，将戈登的住所换到了区域内的其他建筑里。

达夫妮常常去看望戈登。

"她是一个比我年纪大很多的苏格兰人，身心状况极度恶劣，我从不触及那个事件，只是跟她一起喝喝茶、聊聊天。"

---

① 因缺乏维生素 B_1 而引起的疾病，初发症状为乏力、脚麻、浮肿等。

樱格拉姆

戈登内心的创伤一生都未能痊愈。过了几年，她们被解救并回到英国后，她再无精力继续护士工作，便退了休，居住在苏格兰的爱丁堡。达夫妮曾多次前往爱丁堡探望她。

在战后远东国际军事法庭的审判中，戈登对发生在自己身上的事情、惨遭杀害的四名英国女性及中国女性们的情况提供了详细的证词。

对达夫妮等护士来说，尤为屈辱的是她们的职业地位完全得不到承认。在英国，自19世纪中叶积极服务于克里米亚战争的弗洛伦丝·南丁格尔等人以来，便有着战地护士的传统，她们勇敢而富于献身精神的工作被社会赋予了崇高的地位与评价，战地护士在军队里处于与男性军官同等的地位。

然而，这些英国的常识在日军那里完全行不通，护士们在被强奸之后还被命令去处理屠杀事件后的遗体、打扫和清理现场等。另外，在战俘营里，她们在营内设置的诊疗所干着护理工作，男性战俘通过劳动还能获得一些报酬——尽管少得可怜，她们却自始至终没有得到过任何报酬。

战俘营里有小卖部，只要有钱，即使是战俘也能买到花生米和豆子等。但是，得不到酬劳的护士们无法购买任何东西，除非有英国男性军官偷偷设法搞到一点钱给

第五章 在英国幸存下来的樱花

她们。

《战地护士》中记录了一个小故事。1941年12月23日达夫妮等人工作的圣艾伯特修道院野战医院被日军占领时，日军士兵十分粗暴地对待里面的医疗工作者，包括用来复枪殴打他们等，对此，英籍护士长要求日军"遵守《日内瓦红十字公约》，人道地对待战俘"。这位护士长是代替之前在日军进攻中受伤的凯瑟琳·汤姆森担任护士长一职的玛丽·居里。

关于居里，达夫妮对蒂勒讲了这样一件事情。

在圣艾伯特修道院的野战医院即将被日军占领时，有一名负伤的日本兵奄奄一息地被送了过来，然后很快就死了。虽然是敌人，但居里还是按照《日内瓦红十字公约》向该士兵表示了敬意，并命手下的护士将士兵胸前口袋里的日本国旗掏出来展开，将遗体裹上送到了安置所。

居里在向日军要求人道对待英国战俘时对他们讲了这件事情，过了一会儿，日军指挥官来找她，对她说：

"那名死去的士兵是我的好友，谢谢你对他的死表示了尊敬。"

指挥官流泪道，接着又问：

"你们护士看上去都十分勇敢沉着，英国女性是不哭的吗？"

对此疑问，居里毅然答道：

· 183 ·

樱格拉姆

"战地护士在工作中从不流泪。"

三年的战俘营生活中也有一些快乐，虽然为数极少。有一对男女战俘彼此相爱并结婚了，其他的战俘用配发的大米酿了酒代替香槟为他们庆祝。

另外，红十字会送来的东西中有番茄和南瓜，大家便把它们的种子种在土里培育长大，以弥补食物的不足。战俘中有专业的钢琴家，他还利用学校里的钢琴开过演奏会，这种时候听众中也有日军士兵的身影。

战争末期，美军飞机误炸战俘营，造成 14 名战俘死亡，但这是战况已发生变化的证明。不久后，食物短缺变得愈加严重，电也停止供应，但战俘们感觉到战争临近结束，一心等待着解放的日子。

对于日军进攻香港时的残暴行为，在战后英国进行的军事审判中，日本陆军第 38 师第 229 步兵连的田中良三郎连队长及该师第 38 步兵团团长因其指挥的部队参与实施了包括虐待和杀害战俘及医疗人员在内的非人道主义行为而受到起诉，分别被判处 20 年和 12 年监禁。[5]

在上一章中，我们看到了在昭和一〇年代的日本，要求国民发誓效忠天皇并像樱花一样凋落（死亡）的樱花意识形态是如何形成并完全支配了整个国家的。第二次世界大战中，樱花意识形态在战场上将无数的日本年轻人驱赶向死亡，而在国外，他们侵略的地方则留下了种种残暴

第五章 在英国幸存下来的樱花

行为及非人道主义行为的印迹。樱花神话催生出的疯狂使无数人陷入了痛苦。

英格拉姆的儿媳达夫妮作为一名日军战俘有过极其惨痛的经历。盟军中被日军俘虏得最多的便是英国人,战俘们遭到日军虐待,特别是被送去修建泰国和缅甸之间的泰缅铁路的战俘,有很多人因为过于残酷的劳动而失去了性命,这是众所周知的事实。

被日军俘虏的英国士兵死亡率高达25%(被德军俘虏的英国士兵死亡率约为5%)。[6]

战俘问题成为战后英日关系中的一根刺,长久地影响着两国的关系。

沉默了60多年的达夫妮对着初次见面的妮古拉·蒂勒彻底倾吐了自己的经历。

"把那些没法对家人说的东西向记者说了之后,妈妈的心情似乎变得轻松了。"

达夫妮的儿子彼得·英格拉姆在接受我的采访时这样说道。

尽管如此,但对于公公英格拉姆喜爱日本、热衷于樱花研究一事,达夫妮是抱着怎样的一种心情呢?不论是英格拉姆还是达夫妮,可能直到最后也都不知道樱花在第二次世界大战中被日本的军国主义意识形态利用了吧。但樱花是日本的象征这一点,将公公唤作"切里"的达夫妮

樱格拉姆

是完全知道的。

据她的家人说，二人从不谈及日本。"日本"是个不可触及的话题，这在二人之间已是默契。

在英国，英格拉姆樱园中的樱花挺过了大战，很久以后，依然每年开出美丽的花，全然不知远东地区在樱花意识形态的主宰下发生了什么。

在故乡日本，许多樱花在战争中和战后或遭遇空袭，或变成木柴，从这个世界上消失了。花朵被扯掉、树干被柴刀砍断，樱花倒在了废墟之中，浑身浸透着饱受地狱之苦的人们从地底迸发出的愤怒和眼泪……

英格拉姆的樱花因为"远避"英国而得以幸存，但自从满怀着痛苦的体验和心情回到祖国的达夫妮成为英格拉姆家的一员之后，樱园的樱花便在以往的美丽之外增添了一层难以言述的阴霾吧。达夫妮坚强地忍受着过去的种种并构筑起新的人生，但终生都不曾接受公公的樱树苗。

这一阴霾也象征着以达夫妮为代表的众多英国战俘的心情。

通过讲述封印在内心深处的经历，达夫妮为后人留下了宝贵的史实。《战地护士》于2008年年初出版，达夫妮也收到了一本作者签名作。她老眼昏花看不清字，便由儿子彼得读给她听。

"妈妈似乎松了口气，觉得终于把自己被俘后的经历

第五章　在英国幸存下来的樱花

传达给社会了。"

彼得对我说。

达夫妮在自己的战俘经历公之于世后约10个月的11月24日离开人世，终年94岁零9个月。

第六章　樱花带来的奇迹

"樱花守护人"舍生忘死的努力

在战后一片废墟的日本，一个奇迹发生了。

荒川堤上全军覆没的里樱又重新焕发生机。在全国各地对樱花的乱砍滥伐中，里樱的生命之火仍在琦玉县一个远离尘嚣的地方静静地燃烧着。

为保护樱花献出了毕生精力的船津静作在其生前的1912年拜托他住在埼玉县北足立郡新乡村（现北足立郡新乡地区）的远房亲戚松本传太郎（1903—1986）保护樱花，并将樱花接穗从东京寄给了他。

"荒川堤的樱花也许已无法挽救了，可否请你在那边设法培育这些树苗……"

船津向在新乡村从事种植业的松本这样恳求道。面对

第六章 樱花带来的奇迹

船津如此殷切的恳求,松本将自家的后山作为苗圃,为船津在荒川堤上采集的樱花接穗进行了嫁接,培育出树苗后种在了朝南的山坡最上面的部分,并从自家井中打水上来浇灌,等等,千辛万苦将它们培育长大。[1]

松本培育的这些树苗到了昭和年间被转移到邻村安行村(现川口市安行),因为松本不是樱花专家,所以在他不再经营苗圃后,便将所有的樱花移交给了以苗木生产闻名的安行村的苗木栽培家小清水龟之助(1904—1971)。

小清水知道荒川五色樱的由来,因此豁出了性命去保护这些樱花。在战争中军部向他施压,要求他将樱花砍掉,将土地改成农田生产粮食,他坚决拒绝,通过缴纳金钱的方式保住了樱花。在日本刚刚战败、最后一棵樱花从东京的荒川堤上消失之后,里樱的根仍然牢牢地扎在安行的土地上。

在安行得以延续下来的这些樱花在战争结束一段时间后被移交给研究机构,由国家负责管理和保护。

1949年,以生命科学为研究领域的"国立遗传学研究所"(以下简称"遗传研")在静冈县三岛市成立,此时专攻遗传学的东京大学教授筱远喜人(1895—1989)提议在研究所区域内种植多个品种的樱花以供调查研究之用。

筱远的学生中有一位叫作船津金松(1917—2009),

樱格拉姆

他是船津静作的孙子。金松自小受到祖父的熏陶，看着荒川堤的樱花长大，自己也在战后成为樱花研究者，从早稻田大学毕业之后供职于东京大学附属的小石川植物园，在筱远的指导下进行着樱花的遗传学研究。

为实现恩师搜集樱花的提议，船津金松与小清水取得联系，说定将安行的樱花全部移植到遗传研。就这样，小清水守护的樱花被移植到遗传研，此后被许多研究者用作研究材料，对阐明里樱的起源做出了很大贡献。

故事到此仍未结束，还有进一步的发展。日本从战后的荒芜中重新崛起并在 1960 年代进入高速发展时期后，伴随着经济发展而产生的公害问题促使日本国内保护自然的形势高涨，其中政府（农林省）所采取的措施之一便是积极保护樱花。政府决定在东京八王子市内建造樱花保护林并搜集全国的各种樱花种植于此，于是遗传研的里樱的子孙便大举迁移到了八王子市的新住所。

保护林区域名为多摩森林科学园，除这些里樱之外，还种植着一些由植物园的樱花和散布于日本各处的古木、名木的接穗嫁接培育而成的苗木，现已成为一个汇集了 1300 株樱花的壮观的保护林，每年春天还会向普通民众开放。从事樱花最新研究领域——DNA 检测——的胜木俊雄是这里的主任研究员。

第六章 樱花带来的奇迹

诞生于江户时代的多种珍贵的里樱,在明治和大正时期得到拯救并在荒川堤繁荣壮大,之后经历了衰败并从荒川堤上消失,却在埼玉县延续着生命,最后在现代焕发新生。

船津静作为使多样化的樱花留存下来而奉献了一生,他的这一深切愿望在他死后仍像一根蜡烛般继续保持着小小的火焰,虽然几度面临熄灭的危机,但都顽强地挺了过来,终于在战后日本的发展过程中燃成了一片熊熊野火。[2]

另外,在京都,造园企业植藤造园现任园主佐野藤右卫门也创造了同样的奇迹。

第 15 代藤右卫门继承了由上一代藤右卫门开始的"全国寻樱之旅"这一搜集樱花的工作,将两代园主费尽心力搜集到的樱花种在植藤造园的园中加以保护。另外,西本愿寺门主大谷光瑞曾在战前制定了一个宏大的计划,要在西伯利亚铁路沿线种植一万棵樱花,受其委托,藤右卫门在京都府船井郡租赁了土地大量培植樱花,以实现这个计划。

但在战争末期,佐野接到军部砍伐樱花的命令,不得不忍着切骨之痛砍掉了数万棵樱花。这时他为设法保留珍贵品种而采取的办法是将它们"疏散"到附近的宇多野疗养所(现国立宇多野医院)内,表面上的理由是"为

樱格拉姆

了病人"。此外，他还偷偷在自家的园子里留下了 70 棵。

这 70 棵是他们父子两代费尽心血搜集的、独一无二的樱花，他无论如何也下不了手。违抗军部的命令是有危险的，对于自己的这一决断，第 15 代藤右卫门在后来的著作中这样写道：

> 我当时已做好思想准备，即便是拿我的命来换，也要将它们守护到底，一旦出现问题，我将不惜与这些樱花共生死。就这样，在宅地的一角将它们偷偷保留了下来。[3]

这 70 棵樱花也包括由英国的英格拉姆提供接穗、他本人设法嫁接并终于使之回归故乡的"太白"。

多种多样的樱花得以延续下来的这一"奇迹"，若是没有高木孙右卫门、船津静作、松本传太郎、小清水龟之助、佐野藤右卫门这些世所罕有的"樱花守护人"完全可以说是豁出性命的辛劳与努力，是绝不可能出现的。日本所培育的这些独步世界的樱花，在"樱花守护人"的拼死保护之下，经历了重重磨难，在 19 世纪中期以后的门户开放、近代化、战争、战败……这样一段史无前例的历史中顽强地生存了下来。

在此过程中，里樱通过英格拉姆这位"英国的樱花守护人"的努力远渡英国并在那里得以延续下来的过程，可以说也是构成这部樱花历史剧的一个部分。

"染井吉野"的栽植泡沫

在多样化的里樱奇迹般地生存下来的同时，另一出樱花的大戏也在战后的日本迅速上演，那便是在战前如狂涛般席卷了日本的"染井吉野"再次开始被大量种植。

据写过关于"染井吉野"著作的平塚晶人说，在战后被烧成一片荒原的上野公园，早在1948年便已植上了1250株"染井吉野"，之后"就像时钟一下子被倒拨50年左右，回到了明治后期一样"，[4] 各地又一次掀起了栽植"染井吉野"的热潮。

平塚称之为昭和三十年代的"染井吉野的栽植泡沫"。这一时期，全国的各个自治体在各种利国利民的名义下竞相种植"染井吉野"，比如为营造一个当地居民的休闲场所，或是为创建一个旅游景点，等等。

> 仿佛是为在宣传手册的封面上炫耀其数量之多一样，"染井吉野"的栽植数量每每以数千棵为单位。[5]

这些栽植活动缺乏周密的规划和管理计划，十分轻率

樱格拉姆

随意，面积小的地方便缩小树间距以增加种植棵数，开阔的地方则种完就不再管理，任其自生自灭。[6]

经过多次这样的种植活动之后，人们心中再次形成了"一说到樱花便是染井吉野"的印象。据平塚介绍，"染井吉野"在当代日本所占的比例，在城市部分，关西为八成，其他地区为九成，在整个日本则达到约七成。日本气象厅每年春天所进行的"樱花前线"这一开花时间的预报，只是以"染井吉野"为对象的。

该如何理解这一现象呢？

也许就像之前明治维新后的政府选中"染井吉野"作为近代日本的象征，并在一切可能的地方遍植它们一样，这种生长迅速、经济划算的樱花作为一个努力从战后的荒芜中迅速复兴的"新生日本"的象征，再次被巧妙地利用了吧。战后的日本拼命想要尽快实现复兴，"染井吉野"如同被赋予了一个"陪跑者"的功能，在战争开始前是陪全力推进近代化与军国主义的国家跑，战后则是陪朝着复兴心无旁骛地飞奔前进的日本国民跑。

多样化的樱花在"樱花守护人"的努力下确实挺过了巨变的时代，存活了下来，但它们现在大多种植在研究机构或植物园这样一些特殊的地方，在一般大众能自然看到的地方基本上是没有的。[7]

第六章 樱花带来的奇迹

创立于1962年的"日本花之会"的研究员小山彻说:"'染井吉野'开放的时间与毕业典礼、入学典礼、入职典礼等重合,所以在日本人心目中形成了一种印象,觉得这是一种开在人生各个重要阶段的、承载着回忆的花。"小山认为,已在人们心中深植下这样一种带着感伤意象的"染井吉野"今后也会长盛不衰。

但"染井吉野"的历史充其量不过150年左右,樱花盛开在入学典礼和毕业典礼时这一景象的历史,其实也不过这般长短,在长达1000多年的樱花历史中,还是多样化的樱花风景存在的时间久得多。京都的第16代佐野藤右卫门在2014年12月接受我采访时反复强调这一点。

日本虽然是这么小的一个国家,但自古以来只要跨过一条河、翻过一座山,气象条件就会发生变化,每个地方有自己特有的方言,吃的东西也不一样,各地都有与当地生产生活相应的节庆活动,樱花也因地区不同而各不相同,这才是它本来的状态啊!

因地区不同,有的樱花开得早,有的樱花开得晚,当那片土地上自然生长的樱花开放的时候,人们便去赏花并根据花开的情况来安排生活,如果花开得比往年早就会想,啊,该把谷子(稻种)播下去了;

晚的时候便会想，还有一场晚霜①，再等一下吧。就像这样。

佐野说，"染井吉野"的种植是一种无视这种地区差异的行为，简直就像在拥有不同方言的地区强制推行标准话一样。

因为"染井吉野"在全国各地不论哪里都一律开着同样的花，所以把日本变成了一个千篇一律的乏味的国家。

佐野的观点十分干脆明了。

英国的"樱花热"

在战后的英国，樱花走过了一条与日本完全不同的道路。

英格拉姆 1948 年出版的著作《观赏性樱花》在英国社会引发了巨大的"樱花热"。作家维塔·萨克维尔－韦斯特当时曾在《观察家报》上就英格拉姆的著作发表了

---

① 暮春至初夏下的霜。

第六章 樱花带来的奇迹

一篇书评:"英格拉姆上尉将一生都献给了引进美丽的日本樱花的事业。我想这本书会让一般读者、树木专家、自治体成员等所有希望使生活空间变得更美的人都萌生出在身边种上樱花的念头吧!"

正如她所预言的那样,全国的各自治体和园林纷纷开始引进樱花。

如第三章所述,可以说日本樱花是从英格拉姆的居所格兰奇传播到英国各地的。这不光是指格兰奇的樱花接穗经由种植商及园艺家之手被实实在在地培植和普及开来,也包括英格拉姆从格兰奇不断发送的樱花信息使樱花的魅力渗透英国社会而促进了樱花的传播。

英格拉姆在战后出版的集其研究活动之大成的著作,使樱花成了英国全民爱好与关注的对象,仿佛是战争时期被保护在樱园里的樱花花瓣随着和平的降临而自由地飞越格兰奇的围墙,翩翩飞向英国的四面八方一样。

虽然英格拉姆在远东被日军俘虏的儿媳达夫妮的经历成了樱园的一道深深的伤痕,但战俘问题并未在战后立即成为大问题,所以英国人并未将樱花与日本的战争责任结合在一起看待,这也未妨碍樱花的普及。如后所述,战俘问题会在 1990 年代变得尖锐起来。

就这样,樱花们离开了英格拉姆,开始凭着自己的力量不断前进。

樱格拉姆

"樱花热"从 1950 年代开始持续到 1970 年代中期，樱花被作为行道树在住宅区广泛种植，出现了许多中、小规模的樱花道。新铺设的道路两旁若是种上了樱花，便会被命名为"樱花大道"（Cherrytree Avenue）或"樱花公路"（Cherrytree Road）；某地若有新建的公园种上樱花，便会被称作"樱花公园"（Cherry Park）；有餐馆在院中种植了樱花并给自己取名为"樱花树"；在拥有樱花大道的地区甚至还出现了由居民组织的"樱花居民自治会"（Cherrytree Resident's Association）。樱花已深深地渗透英国人的生活，樱花盛开的景象已成为英国春天不可或缺的组成部分。

在英国，樱花普及过程中的一大特点是，各地种植的不是"同一种樱花"，而是"多种多样的樱花"。

要在道路两旁种行道树，从景观效果上来讲，种植同一品种的树是效果最好的。樱花道的营造也运用了这一原则，但不同的地方选用的是不同的品种：或是"关山"，或是"奥都""普贤象"；有用"天之川"的，也有用重回故土的"太白"及英格拉姆创造出的"黑尾鸥"的。乘着这股"樱花热"，英国还以日本樱花为基础开发了独有的品种，诞生于英国的八重樱"奖章樱"[1] 也作为行道树得到了广泛应用。

---

[1] 学名 Prunus 'Accolade'。

第六章 樱花带来的奇迹

"奖章樱"是通过"大山樱"和"大叶早樱"的杂交培育出来的一个品种,开可爱的淡粉色心形花朵。英国中部斯坦福郡一个名为纽卡斯尔安德莱姆(Newcastle-under-Lyme)的小镇的住宅区有一条植于1960年代后半期的"奖章樱"林荫道,至今仍有约50棵樱树,每年春天开放时都会连成一条美丽的樱花甬道,广受游客好评。

在英国,形成了英格拉姆最为重视的"多样化的樱花"风景,有的地方是白色樱花的林荫道,也有的地方是浅粉或深粉樱花的林荫道,就这样,各处形成了特点各异的樱花风景。

园林中也种植着多个品种的樱花。英国皇家园艺协会在全国各地拥有的大片园林中都种植着许多樱花,比如位于伦敦西南萨里郡的"威斯利花园"(RHS Garden Wisley),其广阔的园地内到处都种植着樱花,品种丰富多样,除"奖章樱""白妙""太白""黑尾鸥""郁金"等之外,还有许多"豆樱"和新开发的"松前樱"品种,从早春到暮春次第开出美丽的花朵。

伦敦的摄政公园(Regent's Park)、海德公园和格林公园(Green Park)里也种植着多种日本樱花。

深受日本游客喜爱的科茨沃尔兹(Cotswolds)地区的"巴茨福德植物园"(Batsford Arboretum)也很早就开始关注并引进日本樱花。这是一座独具特色的园林,通过

樱格拉姆

开辟丘陵并栽植各种树木而成,由于着眼点放在打造自然的景观上,所以整个园林给人一种野生森林公园的感觉。所植樱花除"大山樱""豆樱"等野生品种外,还有英格拉姆引进英国的"手球""一叶""手弱女"等多种里樱,所有这些樱花都十分自然地融入园林的景观。其中,"手球"和"一叶"是由战前从荒川堤寄到英格拉姆家的植株繁殖并推广开来的。

还有一座英格拉姆直接参与修建并植下樱花的园林。位于英国南部德文郡的闻名世界的"玫瑰花园"(RHS Garden Rosemoor)是出身贵族阶级的女公爵安妮夫人(Lady Anne Berry,96岁)修建的园林,而唤醒了她的造园天赋的,便是英格拉姆。

1959年冬,40岁的安妮夫人为病后的康复来到西班牙南部直布罗陀海峡边的小城阿尔赫西拉斯(Algeciras)疗养,在此期间结识了英格拉姆,那时年近80的英格拉姆夫妇每年冬天的几个月都会在气候温暖的西班牙度过。受到英格拉姆启发的安妮夫人回到英国后,便打算在德文郡她父亲生前拥有的土地上修建一座园林。

安妮夫人现与丈夫住在新西兰的吉斯伯恩(Gisborne),二人都很健朗。因为她年老耳背,无法进行电话采访,我便通过电子邮件询问了当时的情况。

第六章　樱花带来的奇迹

我叫他切里，切里关于自然界的知识无比丰富，他给我详细讲解了海岸边各种西班牙特有植物的知识，还讲了很多樱花的故事。如果没有遇到切里，我是不会修建花园的吧。

回到英国后，她开着一辆四驱的路虎拜访了格兰奇，满满地装了一车英格拉姆开发的"千岛大山樱"和"太白"等樱树苗以及石楠等其他花木。回程时英格拉姆与她同行，在玫瑰花园帮她把"千岛大山樱"和"太白"种上。

1988年安妮夫人移居新西兰时将玫瑰花园捐赠给了英国皇家园艺协会，现由后者管理。据园林负责人乔纳森·韦伯斯特（Jonathan Webster）介绍，英格拉姆手植的两株樱花现仍健在，整座园林中种植了约50个品种的樱花，是著名的赏樱胜地。

樱花也渗透到一般家庭中去。作为普通家庭种植品种受到喜爱的，除英格拉姆开发的"阿龟""千岛大山樱"这两个不会长得很大的品种之外，还有"牡丹垂枝樱"①"松月"等。在空间更加充裕的乡村则流行种植"白妙"，在独门独户的宅院门前，"白妙"舒展着缀满雪白花朵的

---

① 又名菊枝垂樱。

枝条，给人一种十分华美的感觉。

"英国人不管在什么事情上都喜欢多样性，也许是觉得只有一种的话太无趣吧。植物爱好者对于自己感兴趣的花也会倾向于搜集所有的品种呢。"

家住肯特郡的苗木批发商克里斯·莱恩（Chris Lane，67岁）这样说道。他本人从某个时期开始成为狂热的樱花爱好者，在自家苗圃里种植了超过250个品种的樱花，拥有英国最大的樱花库。

"大英帝国时期植物猎人们曾在全世界搜罗各种植物，这也许是那段历史带来的影响吧。"

莱恩笑着说道。

英格拉姆的樱花进入王室园林

英格拉姆的樱花还走进了英国王室的园林。

在伊丽莎白女王周末和复活节度假时居住的温莎城堡旁，有一座名为"温莎大公园"（Windsor Great Park）的大型王室园林，过去曾是国王们的狩猎场。园林囊括一整座山，园内有森林、湖泊等，现由负责打理王室资产的英国皇冠地产（the Crown Estate）经营管理并向国民开放。

园林一角有个植物园式的园子，名为"萨维尔花园"

第六章　樱花带来的奇迹

（Savill Garden），由当时负责温莎大公园森林管理工作的埃里克·萨维尔勋爵（Sir Eric Savill，1895—1980）于 1951 年修建，作为一处可以观赏到四时花木的园林深受国民和游客青睐，英格拉姆的樱花便是种在这里。

萨维尔勋爵与英格拉姆是朋友，在为修建园子做准备时想要种英格拉姆的樱花，便与他联系。

皇冠地产的园林负责人马克·弗拉纳根（Mark Flanagan，56 岁）从旧文献保存室里找出了萨维尔勋爵与英格拉姆在 1940 年代后半期的往来书信。当时的通信全都通过信件进行，二人以简洁的笔墨极为迅速地完成了关于樱花的商讨。

> 我想要一些（园林用的）珍稀品种的樱花，可否寄些格兰奇的接穗给我？（萨维尔勋爵，1948 年 7 月 13 日）

> 珍稀罕见的樱花多数质量不好，所以我选择接穗时，相较于珍稀程度，更加优先考虑的是健康状况以及花朵美丽与否，莫要见怪。接穗今日已寄出。（英格拉姆，1948 年 7 月 15 日）

> 优先考虑品质与美丽程度的做法，理解并感谢。

樱格拉姆

接穗已全部收到，状态良好，深表谢意。（萨维尔勋爵，1948 年 7 月 17 日）

英格拉姆的樱花首次亮相王室园林的事宜仅用了四天便谈妥了。信中未写明选了哪些品种，但想来应该是英格拉姆引以为傲的"太白"等吧。[8]

1949 年 4 月，萨维尔勋爵再次请英格拉姆提供樱花，这次的书信往来依然十分迅速。

昨日（花展）展出的那种白色樱花非常美丽，日后可否寄些接穗来做芽接用？（萨维尔勋爵，1949 年 4 月 13 日）

那是我开发的品种，起名为"黑尾鸥"。正巧昨夏繁殖了一些树苗，如此便给你留着，合适的时候连根整棵给你寄去如何？（英格拉姆，1949 年 4 月 15 日）

那真是好极了，衷心感谢！（萨维尔勋爵，1949 年 4 月 19 日）

就这样，萨维尔勋爵悉心培育这些来自格兰奇的樱

第六章　樱花带来的奇迹

花,并将它们种进了 1951 年开园的萨维尔花园里,日本的樱花登上了一个华丽的舞台。

我在 2015 年 4 月中旬参观了萨维尔花园,当时有几个地方正盛开着白色的"黑尾鸥"。据弗拉纳根介绍,它们是英格拉姆所赠植株的后代。除此之外,园中还植有垂枝樱、十月樱,以及比利时开发的新品种"新娘"(the Bride)等。

此外,漫步在大公园内,还会看到"豆樱""白妙"及各种"松前樱"散布在各处,这是因为弗拉纳根和前任负责人约翰·邦德(John Bond, 1932—2001)从 1970 年代开始一点点地在山上栽植樱花。从山顶向下往湖的方向走去,视野顿然开阔,一株孑然独立的"太白"樱映入眼帘,它也许是英格拉姆所赠樱花的后代吧。在澄澈的蓝天下盛放着雪白大花的"太白"庄严挺拔,完美地与山中风景融为一体,令人身心一畅。

在距离萨维尔花园不太远的地方有座皇家小屋,是已故的伊丽莎白王太后很喜欢的一处居所。据弗拉纳根介绍,小屋的院子里也种有日本樱花,虽然没有相关记录,但很有可能是英格拉姆赠予萨维尔勋爵的樱花的后代。

已故王太后与现任伊丽莎白女王都是出了名地喜欢樱花。伦敦西南部奇斯威克(Chiswick)地区"斯蒂维里

樱格拉姆

（Stiveri）大街"的"关山樱"行道树是伦敦一处著名的赏樱胜地，据说王太后生前在度完复活节假期从温莎城堡返回白金汉宫的时候，因为想要观赏这条樱花道而特意命司机从斯蒂维里大街绕行。伊丽莎白女王也是一样，每年春天回程时都要走这条路。

晚年的英格拉姆

如前所述，战后的英国经历了巨大变革，大英帝国摧枯拉朽般迅速瓦解，国内经济状况十分窘迫，向富裕阶层征收的所得税和遗产税进一步加重，为此英格拉姆也不得不采取将一部分资产交给信托公司管理等方法来减轻税务负担。

1970年代，英国陷入被称为"英国病"的长期经济停滞，往日的辉煌已了无踪影。

在大英帝国时代，英格拉姆除三度访日之外，兴之所至还曾前往南非、北美、福克兰群岛（Falkland Islands）[1]、南美等世界各地旅行。但在战后，仿佛是与国力的衰弱保持一致般，他不再做奢侈的旅行了。

也许是关于樱花的工作已告一段落的缘故吧，英格拉

---

[1] 即马尔维纳斯群岛。

第六章 樱花带来的奇迹

姆 70 多岁时似乎又重拾了对年轻时最关心的鸟类的兴趣，在 1950 年代三次参加在瑞典和瑞士举办的国际鸟类会议。1958 年他 78 岁时在芬兰的赫尔辛基参加的会议是最后一次，这次会议上他见到了 1926 年访问日本时结识的黑田长礼侯爵的儿子。

以此次相遇为契机，时任日本鸟学会的黑田长礼于翌年向英格拉姆授予了日本鸟学会名誉会员的称号（参见第一章）。

在英格拉姆人生最后的五年（95 岁到 100 岁）里作为住家保姆照顾他的苏格兰女子如今仍然健在，她名叫莫伊拉·米勒（Moira Miller，84 岁），现生活在苏格兰西北部一个名为泰努尔特（Taynuilt）的村庄，我在 2014 年 11 月从伦敦辗转换车去那里拜访了她。

米勒是一位外貌和衣着都十分优雅的老人，性格很爽朗。她说：

"上尉和我脾气很合得来。"

她给我讲了一件小事，从中可以看出英格拉姆直至暮年都未丧失对科学的探索心。

她在格兰奇的时候，英格拉姆的朋友们会时不时地将猎到的山鹬等送过来，米勒便负责烹饪。有时在烹饪前英格拉姆会要求她将鸟的一条腿切下来给他。

"说是要检查一下它腿上的肌肉，看看那只鸟的肌肉

樱格拉姆

是否足够有力,以至于能用脚爪抓起雏鸟带到别处去。"

据米勒回忆,英格拉姆的记忆力终生不曾衰退,常常长时间地待在阁楼里写东西。他自费出版最后一本作品《关于野鸟的随想》(*Ramdom Thoughts on Bird Life*)是在1978年,当时他已是98岁高龄。

"樱格拉姆"直至最后都是一位樱花名士,早上一起床就先去院中的习惯也不曾改变。

"他清晨会在院子里四处走动,仔仔细细地观察樱树和石楠等。帮助'太白'樱重回日本的故事,也听他说了好几遍呢。"

米勒带着怀念的神情回忆道。花一开就喜欢唤人来看的习惯也和以前一样。

"他会大声喊'莫伊拉!莫伊拉!樱花开了,快来看呀!'这个时候的上尉满脸都笑开了花,看上去真的好幸福。"

看到自己精心培育的樱花开了花,对英格拉姆来说依然是最开心的时刻!

在米勒住在格兰奇期间,原华盛顿国立树木园的植物学家罗兰·杰斐逊(Roland Jefferson)曾在1978年到格兰奇做过礼节性拜访。杰斐逊是一位因研究华盛顿波托马克河河畔的樱花而著名的美国樱花专家。战后,"樱格拉

第六章 樱花带来的奇迹

姆"的名声飞越大西洋传到了华盛顿,他樱园里的"北斋"也加入波托马克河樱花的宝库,成了其中的一分子。

此时英格拉姆已经98岁。杰斐逊现年92岁,生活在夏威夷。2015年我从伦敦打电话给他时,杰斐逊告诉我:"英格拉姆先生作为樱花专家在美国非常有名,所以我一直想见他一面。我们在格兰奇院子里的长椅上聊了一个小时左右,然后他带我看了他的园子。"据他说,英格拉姆带他参观园子时步履稳健。

英格拉姆90多岁时在博耐顿当地留下了几桩"英勇事迹"。博耐顿女校校园里种了他不喜欢的"关山樱",他对此不满,便建议校长换成别的樱花,这件事在第三章中已提到过。

还有一件"英勇事迹"是关于驾驶的。据说晚年的英格拉姆开车时不知何故喜欢挂着低速挡在博耐顿村中一路轰鸣地开过去,但因为视力衰退看不清前方,所以便以道路中央的白线为参照物行驶在这条线上,也就是说行驶在道路的正中央。

英格拉姆的危险驾驶在村中出了名,但劝他的话谁也说不出口,为之深感头疼的当地警察有一天埋伏在格兰奇大门口,等英格拉姆一把车子开出来便将他拦住,指着一辆停在不远处的车问他:

"英格拉姆上尉,您能说出那辆车的车牌号吗?"

樱格拉姆

英格拉姆答不上来，于是当场被判定为"不适合驾驶"并被吊销了驾驶执照。

"他大发雷霆道：'我被吊销了驾照，我要去把它拿回来！'"

米勒笑道。此后开车便全部变成了米勒的工作。

安然离世

1979年11月29日，99岁的英格拉姆失去了相伴73年的妻子弗洛伦丝。

英格拉姆年轻时虽然不顾家庭，但上了年纪之后在博耐顿过着平静的生活，夫妻二人共处的时间增多。两人每年冬天都会到西班牙南部住上几个月。

"上尉身体非常好，我还以为他要打破英国的长寿纪录呢。可是太太去世后，他便明显地衰老了。"

米勒道。变成孤零零一人的英格拉姆在大家的劝说下养了一条小狗，取名叫"诺迪"（Noddy），此后诺迪便片刻不离英格拉姆身边，每天清早巡视庭院时也总是与他一道。

这个时候樱园的规模已缩小了许多。野生的樱花生命力顽强，比较长寿，但人工培育的里樱则寿命很短。很多人都听英格拉姆晚年时抱怨过"樱花没有预想的能活，太遗憾了"。

第六章 樱花带来的奇迹

"看着自己像疼爱孩子一样悉心培育的樱花渐渐枯死,对上尉来说似乎是一件非常痛心的事。"米勒说。

也许是因为这个缘故,晚年的英格拉姆把心思放在了比樱花更小、更容易侍弄的石楠和一种开在春天的小花——报春花上,试着为它们开发新品种或是进行人工杂交之类。

1980年10月30日,英格拉姆迎来了100岁生日,格兰奇邀请了一些亲人和好友举行了一个小小的生日派对。南部黑斯廷斯那家鱼店的老板给老顾客英格拉姆送来他最喜欢的美洲龙虾作为礼物,米勒用烤箱将它烹制好来款待大家。

伊丽莎白女王按例会向迎来100岁生日的国民赠送生日贺卡,英格拉姆也从白金汉宫收到了贺寿的卡片。

作为100岁生日的贺礼,邱园的植物学家迈克尔·赞德(Michael Zander)对格兰奇的树木和其他各种植物进行了彻底调查,制作出清单和种植位置分布图。从清单上看,院中还余23种樱花。

地图上标出的名字除"山樱""大山樱""豆樱"等野生品种外,还有"千岛大山樱""北斋""妹背""白妙""手弱女"等里樱,重返日本的"太白"也仍健在。"大山樱"还余好几棵,其中一棵在图中被注明是英格拉姆在1926年日本寻樱之旅中搜集的那棵樱花原株。

樱格拉姆

清单上未统计樱花的总数,但其他还有像"大山樱"这样一个品种有多棵植株的情况,并且清单上还写着"有多株名称不明的樱花",所以剩余的樱花可能一共有五六十棵吧。鼎盛时期品种超过120种的樱园虽说已缩小许多,但仍保留着花园的形态。

100 岁生日过后,英格拉姆将他在温室中培育的石楠和报春花的秧苗全都交给了一位亲近的园艺家艾伦·哈迪(Alan Hardy)照顾,也许是意识到自己人生的终点已近了吧。

但关于樱花他没有什么可担心的,因为他的樱花已遍布全英国,不会有品种灭绝之虞了。

1981 年春,英格拉姆最后一次享受樱花季。他 40 年前独自开发的"千岛大山樱"早早地开出了鲜艳的红色花朵,接着开放的是他 55 年前访问日本时在小金井街道深受触动的"山樱",然后是第一次触发他对樱花兴趣的"北斋",他按照与船津的约定送回日本的"太白"也如往年一样开出了大朵的白花。

米勒说,英格拉姆拄着拐杖来到院中,和诺迪一起四处走着,满怀慈爱地一棵一棵巡视了那些樱花。每一棵都是满载着回忆的、有着特别意义的樱花。此时英格拉姆的心中必定是百感交集吧!

进入 5 月,英格拉姆自觉身体不适,便卧床休养,自

第六章　樱花带来的奇迹

此再未去过院中。5 月 19 日傍晚，他在格兰奇自己的卧室里静静地停止了呼吸，平静地离开了人世。

"上尉走得很安详，没有痛苦。"

临终时陪在他身边的米勒说。

当时正是院中迟开的"妹背"花期终了、开始飘落的时候。那是英格拉姆在京都的平野神社发现并首次引进英国的一种淡粉色八重樱。还有那棵来自日本的"大山樱"原株，它那深粉色的花瓣也正在格兰奇的院子里随风飘散吧。

英格拉姆是一个被日本樱花深深吸引并为引进它们而倾注了全部精力的英国樱花守护人，在他毕生热爱的樱花漫天飞舞的花瓣雨中，"樱格拉姆"走完了他 100 岁零 6 个月的漫长人生，安然离世。

后来的格兰奇

除樱花之外，英格拉姆年轻时还收集了许多日本的坠饰和印盒，这约 1100 件收藏品按照他的遗愿全部捐赠给了大英博物馆。

在英格拉姆死后不久，去格兰奇接收捐赠品的是当时博物馆东洋部的负责人劳伦斯·史密斯（Lawrence Smith）。据他介绍，坠饰、印盒、刀剑护手等都保藏在阁

樱格拉姆

楼书房中一个胡桃木的装饰架上,这些藏品多数为木质,图案中鸟、花和动物等也比较多,很能体现英格拉姆作为一名自然主义者的特点。它们现在仍以"科林伍德·英格拉姆藏品"的名义保存在博物馆中,其中有几件常年展出。

史密斯在访问格兰奇时在书房中发现了三好学的《樱花图谱》,将其也一并带回了博物馆。

"在书房里,英格拉姆的爱犬诺迪把他留下来的书和资料啃坏了许多,樱花的书也差点被啃坏了。"

史密斯说道。英格拉姆 1926 年访日时购入了三好在 1921 年出版的这本关于 112 种樱花的彩色图谱,终身都十分爱惜地珍藏着。这本书现今也保藏在大英博物馆。

英格拉姆死后,格兰奇被出售,经过数次易主之后,在 1992 年转入女企业家琳达·芬内尔(Linda Fennell)之手。在芬内尔手中,格兰奇改头换面,变成了一所智力残障者养护设施,现仍在继续使用,里面生活着 19 名患者和员工。

起初,由于产权所有人频繁变更,花园也破败了,后来得到了修复。当地兴起了修复花园的活动,造园业者唐纳德·莫尔斯沃思(Donald Molesworth)夫妇买下了英格拉姆的花匠西德尼·洛克居住过的房子作为自己的住宅,并为格兰奇栽植了一定数量的樱花,樱花是从大量培植了

第六章 樱花带来的奇迹

英格拉姆的樱花的彼得·凯利特那里购得的。2009年，格兰奇的花园被指定为自治体的文化遗产，英格拉姆的遗产得到了永久性保护。

曾经壮观的樱园已经不再，但英格拉姆所建立起来的种植樱花的传统已在英国根深叶茂地传承下来。如今樱花的需求量仍然很大，已形成一个经销樱花的苗木商和园艺商店的网络。

近年来，英国不断出现新的赏樱胜地。

在伦敦南部的邱园，从1990年代中期开始，树木园园长托尼·柯卡姆（Tony Kirkham，58岁）引进了多个品种的日本樱花，在园内一角打造了一条两侧植着各种里樱的樱花步道（cherry walk）。与此相邻的一条由30株"浅野"形成的林荫道，如第二章所述，已作为植物园的新景点受到广泛好评。"浅野"是英格拉姆在山梨县上吉田发现的一种八重樱。

此外，在英国东北部靠近苏格兰的诺森伯兰郡有座安尼克城堡（Alnwick Casle），城堡内的花园"安尼克花园"（Alnwick Garden）在2008年栽植了350棵与英格拉姆渊源深厚的"太白"樱，景色蔚为壮观，受到人们瞩目。安尼克城堡是电影《哈利·波特》中霍格沃茨魔法学院的外景地。

据园林主管特雷弗·琼斯（Trevor Jones）介绍，这座园林的诞生得益于安尼克城堡的所有者,即第12代诺森伯兰公爵(Duke of Northumberland)拉尔夫·珀西(Ralph Percy)夫妇,他们在1959年继承这座城堡时便计划在城内建造一座现代花园。公爵夫人简(Jane)是一个十足的樱花爱好者,希望"在花园中修建一条雪一样纯白的樱花步道"。听说英格拉姆帮助"太白"樱重回故乡的故事后她深受感动,决定种植"太白"樱。这样大规模的"太白樱步道"独此一处。

樱花树的下面种着五万株紫色的春花——大花葱(Allium),每年春天,在"太白"樱如白色云霞般盛开之后,紫色的大花葱便紧接着绽放,来到这里的游客对此美景都赞不绝口,评价说"简直像被带到了另外一个世界"。此外,在"太白"樱盛开的4月下旬,这里还会举办"樱花节",邀请旅居英国的日籍津轻三味线乐手来举行演奏会,并举办折纸讲座等,已成为一个推介日本文化的场所。

赎罪的樱花

此外又出现了几名像英格拉姆一样为樱花的魅力所倾倒而热衷于搜集和保护各种樱花的英国"樱花迷",他们彼此之间保持着联系,时常相互交换信息,建立起了一个

第六章 樱花带来的奇迹

牢固的"樱花网络"。

家住中部斯坦福郡的克里斯·桑德斯（Chris Sanders，72岁）是该网络的支柱人物。桑德斯不曾在英格拉姆生前见过他，但1970年代曾在斯坦福郡的一家大型园艺店工作，便是在那时感受到了樱花的魅力并在工作之余开始搜集接穗并将其嫁接到自己的苗圃中加以培育。桑德斯对当时尚未引进英国的新品种"松前樱"也很感兴趣。

"松前樱"是北海道一位樱花守护人浅利政俊（84岁）开发的八重樱新品种，现有100多种，展示在北海道松前町松前公园内的"樱花样本园"中。

进入1990年代后，英日两国间的战俘问题日渐激化，桑德斯对于"松前樱"的关注竟为促进两方的和解发挥了意想不到的作用。1993年在桑德斯的提议下，英国计划购入"松前樱"，浅利得知这个消息后向英国无偿赠送了许多樱花，表示"希望能对改善因战俘问题而陷入僵局的日英关系起到一些帮助"。

在展开这个话题之前，我们先大致地梳理一下英日之间的战俘问题。

大战中的日军战俘在战争结束回到英国之后，因之前遭受的惨无人道的对待而对日本满怀强烈的憎恶和反感，所以战俘问题在战后的英国社会持续发酵，并时不时地在某些情况下浮出水面。比如1971年昭和天皇访问英国时，

樱格拉姆

英国媒体便大张旗鼓地展开对日批判,还发生了天皇植在邱园的杉树被人拔掉的事件。1989 年昭和天皇驾崩时也是如此,以大众报纸为中心,英国媒体大幅刊登了将天皇与战争责任、战俘问题结合在一起的辛辣的批评文章。

这种对日批判在 1995 年英国举行反日战争胜利 50 周年纪念活动时达到了顶点。

面对这样一种情况,在英国,以旅居伦敦的日本女性福尔摩斯惠子为中心的民间团体从 1980 年代开始展开艰难的和解活动,如免费邀请战俘前往日本旅行等。但日本政府始终对此漠不关心,他们的态度是:对于战俘问题,日本已按照 1952 年生效的《旧金山和约》(*Treaty of Peace with Japan*)向包括澳大利亚和欧洲国家在内的 14 个国家的约 20 万名战俘支付了总额约 59 亿日元的赔偿金,此问题在法律上已解决完毕。[9]

原英国战俘平均每人领到的赔偿金为 76.5 英镑,约合现在的 60 万日元,但 1993 年有对此无法接受的战俘组建的团体向日本提起了要求个人赔偿的诉讼。

事情到了这一步,日本政府也无法再对此问题坐视不理,于是态度一转,开始为福尔摩斯等人的活动提供全面的经济支持。1995 年,当时的首相村山富市在发表纪念战后 50 周年的"村山谈话"时举行了记者招待会,会上明确表示自己给英国首相梅杰写了一封就战俘问题致歉的

第六章 樱花带来的奇迹

书信。此后，日本制定了由政府主导的和平友好计划，开展了各种交流活动以及由两国历史研究者共同进行的历史认识方面的研究，为实现日英和解做出了许多努力。

浅利的樱花便是在这样一种背景下被赠送给英国的。他开发的58个"松前樱"品种的接穗于1993年3月抵达皇室温莎大公园，其过程如下。

当时负责管理温莎大公园的皇冠地产公司的园林负责人是约翰·邦德，他是一位著名的树木专家，在日本樱花方面的造诣也很深，曾在1940年代后半期在温莎大公园里培植了英格拉姆赠送给萨维尔勋爵的里樱，除此之外，还发表过关于樱花的论文。他也因此受到日本樱花界人士的关注，并在1992年应东京"日本花之会"之邀前往日本就英国的樱花进行了演讲。

通过这次访日时与日本樱花界人士的接触，邦德受到很大触动，回到英国后便计划从日本引进更多樱花以丰富温莎大公园的樱花库，于是与多年的朋友克里斯·桑德斯商量，拜托他选定品种。

"老的品种基本上都已由英格拉姆引进英国了，所以我提议引进新的'松前樱'。"

2015年春，我去斯坦福郡见桑德斯时，他这样说道。

桑德斯以"日本花之会"出版的英语版手册为参考，选出了"花笼""松前红紫"等30种"松前樱"并告知

樱格拉姆

了邦德。

邦德给北海道的浅利写信，表示想要购买这些樱花，结果浅利回信说，自己不要钱，想赠送给他们。

浅利原是一名小学教师，退休后致力于樱花的研究与开发，同时对原英国战俘问题也十分关注，曾为和解活动奔走多年。

2015年5月，我从伦敦打电话给住在北海道龟田郡绿町的浅利，并成功进行了电话采访，听他谈了自己为解决战俘问题所做的努力和寄予樱花的心愿。

第二次世界大战时，北海道除函馆市设有战俘营本部之外，还在室兰市和歌志内市等处设有8个分部，战争结束时的收容人数共有1597人。[10] 战俘中也有美国人和澳大利亚人，但大多数是在马来半岛和新加坡被日军战俘后带过来的英国士兵。

据浅利介绍，战俘们被迫唱着日本军歌列队前进，被逼从事条件极其残酷的劳动，比如修建道路、在港口装卸煤炭、在深冬时节的船坞潜入海中清除附着在船底的紫菜和贝类等。在被关押期间因痢疾、急性肾炎、大肠炎等死亡的战俘人数多达174人。[11]

当时还在读初中的浅利住在离函馆约15公里的地方，他自己虽然并没有看到过战俘们劳动的场景，但时常听亲眼看过的哥哥们说起。

第六章　樱花带来的奇迹

"明治时期,大批英国技术人员来到函馆,教会了我们自来水供应和造船技术,日本人却不知报恩,在大战中做出如此残忍的行为,我一直想着什么时候能够做些事情来赎罪。"

浅利的这个心愿持续到战后,他在从事教师工作之余对函馆战俘营的历史展开调查,还不辞辛苦地跑到东京的英国大使馆去搜集史料。有原战俘和家人赴日、来到北海道时,他便主动为他们当导游,还召集市民来听他们讲当时的经历,等等。他一直坚持着这些活动。

"因为有这样一些情况,所以当英国提出想要我的樱花时,我便想免费赠送给他们。我觉得不能只有表面上的亲善,如果不能实事求是地立足于日本人的这段历史,就无法建立起真正的友好关系。"

浅利说道。

为我找到萨维尔勋爵与英格拉姆间通信记录的约翰·邦德的后任——马克·弗拉纳根为我找到了1993年邦德与浅利的通信记录,此处经浅利同意,摘录部分内容如下:

亲爱的邦德先生:
接到您意欲购买"松前樱"的来信,深感荣幸,然而我想将我的樱花赠送给英国的各位。

樱格拉姆

（中略）

大约 51 年以前，日军在亚洲发动了侵略战争，杀伤了许多英国士兵与百姓，造成了深重的伤害。我在战后从未忘却这一历史事实，想通过樱花对在战争中失去生命的人及其遗属表示衷心的哀悼与歉意。

（中略）

希望您能细心呵护我赠送的这些樱花，衷心祝愿这些樱花能够茁壮地长大、开花，为包括逝者遗属在内的众多英国国民带去慰藉与喜悦。如果美丽的樱花能够成为日英两国之间的桥梁，使担负两国未来的孩子们心中萌发出真正的友情，则再没有比这更令人高兴的事了。

另外，若是这些樱花也能为世界各地来到英国的人带去美的享受，则是我无上的喜悦。

最后祝愿您今年一整年都幸福快乐。

1993 年 1 月 18 日

浅利政俊

浅利的信中虽然并无关于原战俘的直接表述，但包含了对日本在战争中所有行为的歉意，这点是明确无疑的。浅利的樱花是为弥补日本过去的罪行而赠送的"赎罪的樱花"。

第六章　樱花带来的奇迹

浅利所赠送的不光是桑德斯选中的 30 种，而是共计 58 个品种的"松前樱"接穗。桑德斯对所有这些接穗进行了嫁接和培植，长大后的树苗被植到了温莎大公园的园中各处。

新一代樱花

浅利所赠 58 种"松前樱"的嫁接原株现仍保留在温莎大公园一角的苗圃内，我在 2015 年春天参观了该苗圃，看到"花染井""富贵""细雪"等所有的樱花都长得枝繁叶茂，花的颜色有白，有浅粉，还有泛着红色的粉红，等等，色彩缤纷、各不相同，美得令人屏息。

浅利的樱花不光种植在了温莎大公园里，还从桑德斯的苗圃飞往全国各地，作为新品种受到大众的喜爱。现在"松前樱"在英国各主要园林都有种植，浅利想让许许多多的人欣赏到樱花之美的心愿实现了。

可以说是命运的安排吧，浅利的樱花后来还被种到了英格拉姆的旧邸格兰奇。

1990 年代后半期，现肯特郡霍尔公园（Hole Park）园林主管、时任温莎大公园园艺师昆廷·斯塔克（Quentin Stark）在温莎大公园负责培植浅利的"松前樱"。斯塔克的老家碰巧就在博耐顿，知道"樱格拉姆"的大名，在培植

樱格拉姆

"松前樱"期间,他便想是不是可以把一部分树苗种植到"英国的樱花发祥地"格兰奇,于是便与业主琳达·芬内尔联系,后者立即表示同意。当时正值21世纪前夕,所以他们商定将其做成一次"千禧年纪念植树活动"。

就这样,在2000年3月,40种"松前樱"树苗被运到格兰奇种下,这些树苗分散在花园各处,不光是以前樱园所在的地方。

这些樱花现在正不断成长,不久的将来便会在格兰奇再次营造出美妙的樱花风景吧。

格兰奇铭刻着英格拉姆的儿媳、曾在战争中成为日军战俘的达夫妮的痛苦经历,"千禧年纪念植树活动"也许与英格拉姆家的这段历史并无关系,但我不认为这只是一个偶然事件。

格兰奇背负的伤痛的历史应该需要某种形式的和解。在我看来,仿佛是浅利想要向原战俘赎罪的真挚心愿使"松前樱"来到了格兰奇一样。

这些樱花植下时并未告知英格拉姆的家人,因而当时还健在的达夫妮也并不知道此事,但是待到浅利这些"赎罪的樱花"长成繁茂的大树、开出绚烂的花朵时,应当会成为如今已故的达夫妮的"镇魂之樱"吧。这些樱花不仅对达夫妮,而且对所有原战俘来说,都会成为一种慰藉吧。

第六章　樱花带来的奇迹

　　太平洋战争是在日本编造的虚幻的"樱花神话"下进行的，60年后为悼念这一罪行的受害者而来到英国的也是樱花，但它们是诞生于北海道一位想要为日本过去的行为赎罪的诚挚的樱花守护人之手的新一代樱花。

　　历史永远不会磨灭，但"如果不能实事求是地立足于日本人的这段历史，就无法建立起真正的友好关系"。"赎罪的樱花"今后定能在格兰奇将浅利的这一信念传递下去吧。

尾　声

2015 年 4 月中旬的一天，我驾车行驶在前往肯特郡博耐顿的路上，因为收到格兰奇的通知："太白"樱开了。

第一次去格兰奇采访的 2014 年秋天，我得知在英格拉姆的努力下重返日本的"太白"樱原株还生长在院中，便想看看它花朵的样子，于是拜托他们到春天开花时告诉我一声。

到了格兰奇，一眼便能望到那株满树盛开着纯白大花的"太白"樱。虽然已是树龄 90 多年的老树，但并无老态，粗大的枝条向四面舒展着，一副威严庄重的样子，仿佛在向把自己从灭绝危机中拯救出来并把自己的子孙送回祖国的已故主人传达着自己生命延续的消息。

4 月下旬，我再次拜访了格兰奇，这次是与日本森林综合研究所的主任研究员胜木俊雄一道，他是为调查英国

尾　声

樱花而来的。

此时"太白"花期已近尾声，但身为樱花研究第一人的胜木不仅找到了它，还在格兰奇的院子里找到了另外几棵英格拉姆手植的樱花原株。

"太白"的旁边有一棵树干纤细、形状奇特的八重樱，胜木将它淡粉色的花朵放在掌心观察了片刻之后说道："应该是'妹背'原株吧。"

那看似树干的部分其实是枝条。

"大概这棵树曾经倒在地上，然后有一根枝条长得越来越粗壮，取代了树干，又从上面发出许多小枝并开出了花朵。"

原来如此。仔细观察便会发现原本的树干横倒在地面，一半已埋在土里。这是英格拉姆于1926年的寻樱之旅中在京都发现的樱花。

我们还找到了英格拉姆独创的"千岛大山樱"。当时它的花期已过，我们是根据叶片的颜色和形状等辨别出来的。这棵树也是从树干底部开始就分为两株，呈现出一种奇特的形状。胜木解释说，这是因为用来嫁接"千岛大山樱"的欧洲甜樱桃砧木从嫁接的地方再次生长，形成了两种樱花靠同一个根部生长的现象。

所以，英格拉姆留下的樱花中，有几棵仍在以顽强的生命力生长着。

樱格拉姆

英格拉姆出生在大英帝国雄霸世界的光辉时代，乘着帝国的气势远赴远东的国家日本并将樱花带回英国。这些远渡重洋的日本樱花不意竟与英格拉姆一道经历了帝国的荣枯盛衰与人间悲喜。

这些以残破扭曲的形态幸存在格兰奇的樱花，一方面如同大英帝国往昔荣耀的余晖，另一方面又仿佛显示出已失去帝国的英国在当代依然具有影响世界的实力。

但是时代在变化，景物也在改变。

在格兰奇，过去 20 年间种植的"奖章樱"和"白妙"等已长得枝繁叶茂，开出了美丽的花朵，千禧年种下的 40 棵浅利政俊的"松前樱"也在花园各处长成了生机勃勃的年轻樱树。

在英格拉姆逝后近 35 年的格兰奇，他遗留下来的老樱与向着未来蓬勃生长的新樱相映成趣，呈现出一派崭新的当代风景。

英格拉姆的最大功绩，便是使丰富多样的樱花在英国扎下了根吧。

"多样性"其实是英国人最重视的一种价值，种族、宗教、个人的履历、看待事物的方式等，不论在哪个方面都不会排斥各种不同的价值观。人、国家乃至自然风景，原本就各有不同，多种价值并存的社会即使有时会发生冲

尾 声

突,却也蕴含着巨大的能量,是一个能够催生出新的生命力的强韧的社会。日本多个品种的樱花便是在这样一个社会中由英格拉姆推广开来并开出美丽花朵的。

拥有千年以上历史的樱花的祖国——日本,在近代经历了一番被清一色的"染井吉野"席卷的命运,这一现象与其整个国家排除一切异己、朝着错误的方向疾驰的过程是同步发生的。只承认一种价值观的社会是终将走向灭亡的脆弱的社会,这一点日本人应当已经切身体会到了。

"松前樱"的开发者浅利说:"我们日本人有种不关心多样性而趋向于单一事物的性格特点,多样化的思考方式才是我们现在最需要的吧。"浅利热心于开发多彩的樱花与他坚持援助原战俘这一行为,事实上源头都是一个,都是源自不可再犯同样的错误这样一种强烈的信念。

在艰难的岁月中守护了里樱的日本的樱花守护人,为抵制整个社会被染成一种颜色,为不使樱花失去多样性,做出了不惜性命的努力。自然界中永远蕴藏着不同品种相互混合而产生新的樱花品种的可能性。京都的第 16 代佐野藤右卫门在已经 87 岁高龄的今天,仍然每到春天便去山中寻觅新的樱花,还说:"正因为多种多样,樱花才有意思嘛!"

思及日本足以自傲于世界的樱花传统,我不禁为战后

樱格拉姆

的日本再度被一种樱花垄断而感到无比遗憾。

使多样化的樱花复活的努力开始出现。1984年,东京足立区兴起了一场居民运动,为使荒川堤曾经的五色樱恢复原貌,以船津静作的孙子船津金松为首撰写了一份请愿书,这场运动取得了成果,该区农业公园内和公园前的都道①植上了40个品种的共计400株里樱。除"郁金""一叶""普贤象"等,还加上了浅利培育的"红丰"。进而在2009年,足立区提议在荒川的堤坝上重现五色樱,并最终确定与国土交通省协作,在荒川沿岸打造一条大规模的里樱步道,超过20个品种的663棵里樱正在被种植到荒川沿岸长达4.4公里的堤坝两侧,预计20年后便可重现昔日五色樱的美景。

此外,在静冈县河津町,河津川两岸长达约3公里的"河津樱花道"近年来备受瞩目。它的发端是在1955年前后的一个2月,河津町田中地区的饭田胜美先生(已故)在河津川沿岸的杂草丛中发现了一棵樱树苗,把它带回家中种在了院子里。约十年后樱树开花了,竟是一株前所未有的新品种。1974年该品种被命名为"河津樱"。这种樱花从1月下旬开始开花,花色淡红,花期长达一个月左右。河津町为宣传这种稀有的樱花,对饭田先生家中

---

① 即由东京都修建管理的道路,相当于我国的省道。

尾 声

那棵原株进行了大量繁殖并将其种在河津川两岸。这些树现已长成高大的行道树,造就了一处新的名胜。

"染井吉野"如果大量种植,的确十分绚烂华丽,但事实证明它是一种容易生病的、格外脆弱的樱花。各地在战后种植的"染井吉野"现已迎来更新换代的时期,何不趁此机会像足立区和河津町那样种上多种多样的樱花呢?二三十年后,整个日本将会呈现出一派丰富多彩、美不胜收的樱花景象吧。

值此追寻英格拉姆足迹及英日两国樱花命运的樱花物语完结之际,我如是想。

后　记

219　　说来惭愧，日本有多达 400 种里樱，它们靠着樱花守护人奋不顾身的努力才得以幸存，还有太平洋战争中日军在樱花意识形态支配下在香港犯下的罪行，对于这些，我之前竟丝毫不知。

由于"结识"了科林伍德·英格拉姆这位世所罕有的、为日本樱花的魅力深深倾倒的英国人，通过追寻他的足迹，我才得以对发生在英日两国的樱花的戏剧性故事与历史略有所知，这对我来说也是一次重新发现祖国之旅。

我现在对于日本孕育出众多樱花品种的传统深感自豪，心中充满这样的念头：若是能在现代生活空间中再现多彩的樱花风景，该是多么美妙的一件事啊！

本书的创作得到许多人的帮助和支持，特别是英格拉姆的外孙女婿欧内斯特·波拉德先生，他为我提供了英格

后 记

拉姆留下的大量日记、资料和照片的全部，还一次又一次耐心细致地回答我提出的问题。波拉德先生本身也是一位研究人员，为我提供资料时事先进行了整理，为我节省了很多时间。若是没有他的帮助，本书不可能写成。英格拉姆家的其他人，以及许多樱花相关人士都很爽快地接受采访并为我提供资料。此外，还有温莎大公园的园林负责人马克·弗拉纳根先生，他为我在旧文献室找出相关旧书信，但很遗憾，他在2015年10月突然离世，愿他的灵魂上天堂。

在日本，国立森林综合研究所多摩森林科学园主任研究员胜木俊雄先生在樱花的历史和分类等方面给予了我宝贵的意见和建议。关于樱花品种名称，我遵循了胜木先生的建议，野生品种用片假名表示，栽培品种则用带引号的汉字表示。但由于栽培品种数量众多，所以原则上在各章中首次出现时加引号，第二次及之后便不再加引号。①

在资料方面，承蒙保存船津静作樱花资料的"江北历史传承会"（会长浅香孝子）提供帮助。我平时住在伦敦，能够在日本采访和搜集资料的时间有限，因而有时会给创作带来不便，樱花研究家樋口惠一先生不仅为我提供资料和照片，还亲自前去为我搜集所缺的资料，令我不胜

---

① 中文版中所有樱花品种名称均加引号予以标记。

樱格拉姆

感激。

  此外，书中出现的京都方言和江户方言分别得到了旅居伦敦的植物画家山中麻须美女士和神户大学名誉教授曾根 HIROMI 先生的指正。

  本书责任编辑是岩波书店的清宫美稚子女士，她在负责《世界》杂志总编这一繁重工作的同时，仔细审读了本书原稿，为我提出了中肯的建议和意见，在此致以衷心的感谢。

2016 年 1 月于伦敦家中
阿部菜穗子

注　释

第一章　初遇樱花

（1）Ingram, Collingwood, *Random Thoughts on Bird Life*, 1978。这本书是英格拉姆在 98 岁时自费出版的。

（2）关于英格拉姆及其家人在西门生活期间的记述，主要基于对英格拉姆家人的采访，以及英格拉姆的外孙女婿欧内斯特·波拉德与编辑 Hazel Strouts 共同编著的作品：*Wings over the Western Front: The First World War Diaries of Collingwood Ingram*, Day Books, 2014。

（3）第一次世界大战中英格拉姆所留下的日记及大量写生作品收录于 *Wings over the Western Front* 中。

（4）中西輝政『大英帝国衰亡史』PHP、一九九七年、二四六ページ。

（5）Ingram, Collingwood, *A Garden of Memories*, H. F. Witherby Ltd., 1970。

（6）博耐顿的历史参考了欧内斯特·波拉德的网站：http://www.benenden.history.pollardweb.com/。

（7）Kuitert, Wybe, *Japanese Flowering Cherries*, Timber Press, 1999, p. 74。

（8）前揭 *Japanese Flowering Cherries*, pp. 74 – 5。

樱格拉姆

（9）ハーン、ラフカディオ『新編　日本の面影』池田雅之訳、角川ソフィア文庫、二〇〇〇年、三五ページ。

（10）前揭 *Japanese Flowering Cherries*，p. 78。

（11）前揭 *Japanese Flowering Cherries*，p. 90。

第二章　赴日"寻樱之旅"——日本樱花面临危机

（1）雜誌「桜」昭和版第一巻、有明書房、一九八一年収録の「桜の会」会報「桜」第九号（昭和二年春季号）。

（2）Ingram，Collingwood，"The cult of flowering cherry in Japan,"*The Garden Chronicle*，November 20，1926.

（3）出自 Ingram，Collingwood，"Notes on Japanese Cherries—Ⅱ,"*RHS Journal*，Vol. 54，1929。

（4）Kuitert，Wybe，*Japanese Flowering Cherries*，Timber Press，1999，p. 217。

（5）前揭"Notes on Japanese Cherries—Ⅱ,"*RHS Journal*，Vol. 54，1929。

（6）出自公益財団法人涩泽荣一纪念财团信息资源中心博客：http：//d. hatena. ne. jp/tobira/20140422/1398132910。

（7）山田孝雄『櫻史』講談社学術文庫、一九九六年、四三五ページ。

（8）前揭「桜の会」会報「桜」第九号。

第三章　"樱格拉姆"的诞生

（1）雜誌「桜」昭和版第一巻、有明書房、一九八一年収録の「桜の会」会報第九号上记载了接穗寄往英国一事。

（2）应为由小金井街道的"山樱"种子培育出的樱花，如今下落不明。

（3）出自日本邮船株式会社的网站：http：//www. nyk. com/yusen/kouseki/200603/index. htm。

（4）参考 Notcutt，R. C. and R. F. Notcutt，"Flowering Cherries,"

注 释

RHS Journal, 1935。

（5）1942年10月31日发行的园艺杂志 *The Gardeners' Chronicle*。

（6）关于樱花的人工杂交，参考 "Breeding New Flowering Cherries," *Gardening Illustrated*, July, 1952。

（7）博耐顿的历史基于欧内斯特·波拉德的网站内容整理而成：http://www.benenden.history.pollardweb.com/。

（8）依据英格拉姆外孙女婿欧内斯特·波拉德的姐夫 Brain Young 汇总的资料。

（9）Pearson, Graham S., *Lowrence Johnston, Creator of Hidcote*, National Trust, 2010, pp. 117 - 118.

（10）"The Cult of the Cherry Blossom: The Japanese Emblem of Loyalty & Patriotism," *Illustrated London News*, April 28, 1934.

（11）"The Japanese Flowering Cherries the Orient's Greatest Gift to Western Gardens"（刊载杂志及日期不明）。

（12）前揭「桜の会」会報「桜」第九号。

（13）樋口恵一『ワシントン桜のふるさと　荒川の五色桜——「江北桜譜」初公開』東京農業大学出版会、二〇一三年、一七、二一ページ。

（14）另外，由于从事樱花 DNA 检测的研究小组在 2013 年宣布"驹系""车驻""太白"这三个樱花品种的 DNA 完全相同，所以有人认为"太白"或许在日本也曾以别的名称幸存，但负责检测的森林综合研究所主任研究员胜木俊雄说，"经仔细调查发现，现在被称作'驹系''车驻'的樱花，很有可能在过去栽培的过程中与'太白'搞混了"。并且在英格拉姆留下的日记中也写着"驹系"是 1926 年他在荒川堤所见樱花的一种，并对其做了详细的记载，其中有些特征是与"太白"不同的（荒川堤的这棵"驹系"后来枯死了）。因此，比较妥当的看法应当是，在战争中和战后的混乱时期，这两个品种像胜木所说的那样，在栽培过程中与"太白"弄混了。

· 237 ·

樱格拉姆

（15）佐野藤右衛門『桜花抄』誠文堂新光社、一九七〇年、四六ページ。

（16）Ingram, Collingwood, "Cherries of Omuro," *Gardening Illustrated*, April 9, 1932.

第四章 "本家"日本的樱花

（1）小川和佑『桜の文学史』文春文庫、二〇〇四年、七二ページ。

（2）Kuitert, Wybe, *Japanese Flowering Cherries*, Timber Press, 1999, pp. 22–24.

（3）大貫恵美子『ねじ曲げられた桜——美意識と軍国主義』岩波書店、二〇〇三年、四五、四七ページ。

（4）山田孝雄『櫻史』講談社学術文庫、一九九〇年、三〇ページ。

（5）前掲『ねじ曲げられた桜』一〇八ページ。

（6）前掲『桜の文学史』四七ページ。

（7）奥田実、木原浩（写真）/川崎哲也（解説）『日本の桜』山と渓谷社、一九九三年、四ページ。

（8）平塚昌人『サクラを救え——「ソメイヨシノ寿命六〇年説」に挑む男たち』文藝春秋、二〇〇一年、九〇ページ。

（9）勝木俊雄『桜』岩波新書、二〇一五年、四一ページ。

（10）前掲『サクラを救え』九〇-九二ページ。

（11）这是佐藤俊樹『桜が創った「日本」——ソメイヨシノ起源への旅』岩波新書、二〇〇五年中的主要观点。

（12）前掲『桜が創った「日本」』八八ページ。

（13）雑誌『桜』昭和版第三巻、有明書房、一九八一年。

（14）樋口恵一『ワシントン桜のふるさと　荒川の五色桜——「江北桜譜」初公開』東京農業大学出版会、二〇一三年、四一ページ。

注　释

（15）前揭 Japanese Flowering Cherries，p. 78。

（16）前揭『サクラを救え』一四八ページ。本节内容基于江北村の歴史を伝える会編『江北の五色桜——舩津資料から見る日米桜友好一〇〇周年』江北村の歴史を伝える会、二〇一五年、同編『江北の五色桜——荒川堤の桜ガイドブック』同、二〇〇八年、前揭『ワシントン桜のふるさと　荒川の五色桜』撰写。

（17）雑誌「桜」昭和版第二巻、有明書房、一九八一年。

（18）前揭『ねじ曲げられた桜』一七五ページ。

（19）前揭『ねじ曲げられた桜』第二部第七章。

（20）斎藤正二『日本人とサクラ——新しい自然美を求めて』講談社、一九八〇年、一一〇ページ。

（21）前揭『桜が創った「日本」』一三二ページ。

（22）前揭『櫻史』附録。

（23）前揭『日本人とサクラ』一三一ページ。

（24）「桜」二一号与二二号被收录于前述杂志「桜」昭和版第三卷。

（25）前揭『ねじ曲げられた桜』二五八ページ。

第五章　在英国幸存下来的樱花

（1）英格拉姆留下了他作为乡土卫队指挥官所作的所有讲话的记录。本节中所写的英格拉姆的发言便是依据这些记录。

（2）Davies, Michael（comp.），*Benenden A Pictorial History*, 2000, CD edition, pp. 67-68.

（3）Roland, Charles G. "Massacre and Rape in HongKong," *Journal of Contemporary History*, 32（1），Jan. 1997, p. 54.

（4）关于达夫妮被俘后的经历基于 Tyrer, Nicola, *Sisters In Arms*, Weidenfeld & Nicolson, 2008 整理而成。

（5）林博史『裁かれた戦争犯罪——イギリスの対日戦犯裁判』岩波書店、二〇一四年、一四九ページ。

（6）出自小菅信子「歴史問題と和解への道——安倍政権へ

樱格拉姆

の提言」(http://blogos.com/article/68027/)。据此文记载,此统计数字出自远东国际军事法庭审判的速记文件。另外,山梨学院大学法学部教授小菅女士为英军战俘问题专家,长期从事促进日英和解的研究与活动。

第六章 樱花带来的奇迹

(1) 江北村の歴史を伝える会編『江北の五色桜——舩津資料から見る日米桜友好一〇〇周年』江北村の歴史を伝える会、二〇一五年、一二六ページ。

(2) 荒川堤的里樱在大正时期也曾由船津和三好移植到新宿御苑和小石川植物园等处,但据胜木调查,未能从这些地方的樱花中找到确定无疑来自荒川堤的植株,那些樱花在战后去向不明。

(3) 佐野藤右衛門『桜花抄』誠文堂新光社、一九七〇年、六九ページ。

(4) 平塚昌人『サクラを救え——「ソメイヨシノ寿命六〇年説」に挑む男たち』文藝春秋、二〇〇一年、一五八-九ページ。

(5) 同、59ページ。

(6) 同、159ページ。

(7) 为数不多的一个例外是东京的新宿御苑。作为一座国民公园深受喜爱的新宿御苑在江户时代曾是大名宅邸,在明治后半期成为皇室园林,战后在国家管理下向国民开放。这里继承着种植里樱的传统,现在仍拥有65个品种的1100株樱花,作为一处赏樱胜地而著名,还能看到"太白""黑尾鸥"的身影。

(8) 嫁接,即将接穗接在砧木上的这一操作,通常会在初春进行,但这里萨维尔勋爵采用的是芽接,也就是将带芽的接穗插入砧木的树皮下来进行嫁接的方法。芽接在夏季进行,因而两人的沟通是在7月进行的。

(9) 出自日本政府发布的「二〇世紀を振り返り二一世紀の世界秩序と日本の役割を構想するための有識者懇談会 報告書

· 240 ·

注 释

(二〇一五年八月六日)」。

(10) 出自 POW 研究会(共同代表：内海爱子、福林彻)在线资料「日本国内の捕虏収容所」：http：//www.powreasearch.jp/jp/activities/report/kamaishi.html。

(11) 同上，出自 PDF 资料：http：//www.powreasearch.jp/jp/pdf_j/powlist/hakodate/hakodate_m_hakodate_j.pdf。

参考文献

青山吉信，今井宏編『新版　概説イギリス史――伝統的理解をこえて』有斐閣選書，1991 年。

秋田茂『イギリス帝国の歴史――アジアから考える』中公新書，2012 年。

大貫恵美子『ねじ曲げられた桜――美意識と軍国主義』岩波書店，2003 年。

小川和佑『桜の文学史』文春新書，2004 年。

奥田実，木原浩（写真）/川崎哲也（解説）『日本の桜』山と渓谷社，1993 年。

勝木俊雄『日本の桜（生きもの出会図鑑）』学研教育出版，2014 年。

勝木俊雄『桜』岩波新書，2015 年。

木原浩，田中秀明，川崎哲也，大場秀章『新　日本の桜』山と渓谷社，2007 年。

江北村の歴史を伝える会編『江北の五色桜――荒川堤の桜ガイドブック』江北村の歴史を伝える会，2008 年。

参考文献

江北村の歴史を伝える会編『江北の五色桜——船津資料からみる日米桜友好100周年』江北村の歴史を伝える会，2015年。

小菅信子『ポピーと桜——日英和解を紡ぎなおす』岩波書店，2008年。

斎藤正二『日本人とサクラ——新しい自然美を求めて』講談社，1980年。

佐藤俊樹『桜が創った「日本」——ソメイヨシノ起源への旅』岩波新書，2005年。

佐野藤右衛門『桜花抄』誠文堂新光社，1970年。

森林総合研究所多摩森林科学園編『サクラ保存林ガイド——DNA・形質・履歴による系統保存』森林総合研究所多摩森林科学園，2014年。

鈴木嘉一『桜守三代——佐野藤右衛門口伝』平凡社新書，2012年。

鳥越皓之『花をたずねて吉野山——その歴史とエコロジー』集英社新書，2003年。

永田洋他編『さくら百科』丸善，2010年。

中西輝政『大英帝国衰亡史』PHP研究所，1997年。

「20世紀を振り返り21世紀の世界秩序と日本の役割を構想するための有識者懇談会　報告書」2015年8月6日。

林博史『裁かれた戦争犯罪——イギリスの対日戦犯裁判』岩波書店，2014年。

ハーン，ラフカディオ『新編　日本の面影』池田雅之訳，

櫻格拉姆

角川ソフィア文庫，2000 年。

樋口惠一『ワシントン桜のふるさと　荒川の五色桜——「江北桜譜」初公開』東京農業大学出版会，2013 年。

平塚晶人『サクラを救え——「ソメイヨシノ寿命 60 年説」に挑む男たち』文藝春秋，2001 年。

ホームズ，恵子『アガペ——心の癒しと和解の旅』いのちのことば社フォレストブックス，2003 年。

水上勉『櫻守』新潮文庫，1976 年。

山田孝雄『櫻史』講談社学術文庫，1990 年．

雑誌「桜」昭和版第 1，2，3 巻，有明書房，1981 年。

Benson, Will, *Kingdom of Plants*: *A Journey Through Their Evolution*, Collins, 2012.

Coats, Alice M., *The Quest for Plants*: *History of the Horticultural Explorers*, Littlehampton Book Sevices Ltd., 1969.

Davies, Michael (comp.), *Benenden A Pictorial History*, 2000, CD edition.

Ingram, Collingwood, *Isles of the Seven Seas*, The Mayflower Press, 1936.

Ingram, Collingwood, *Ornamental Cherries*, Country Life, 1948.

Ingram, Collingwood, *In Search of Birds*, H. F. & G. Witherby Ltd., 1966.

Ingram, Collingwood, *A Garden of Memories*, H. F. & G. Witherby Ltd., 1970.

参考文献

Ingram, Collingwood, *Random Thoughts on Bird Life*, 1978.

Kuitert, Wybe, *Japanese Flowering Cherries*, Timber Press, 1999.

Notcutt, R. C. and R. F. Notcutt, "Flowering Cherries," *RHS Journal*, 1935.

Pearson, Graham S., *Lawrence Johnston: The Creator of Hidcote*, National Trust, 2010.

Pollard, Ernest and Hazel Strouts (eds.), *Wings Over the Western Front: The First World War Diaries of Collingwood Ingram*, Day Books, 2014.

Roland, Charles G., "Massacre and Rape in Hong Kong," *Journal of Contemporary History*, 32 (1) Jan. 1997.

Sackville-West, Vita, *The Edwardians*, Virago Press, 1998.

Tyrer, Nicola, *Sisters in Arms: British Nurses Tell Their Story*, Weidenfeld & Nicolson, 2008.

此外参考的资料还有：英格拉姆在 1923~1959 年为英国园艺杂志 The Garden, The Gardeners' Chronicle, Gardening Illustrated, RHS Journal 等撰写的大量报道；为每周日发行的《伦敦新闻画报》撰写的报道；以及这些杂志和报纸上所刊载的关于英格拉姆的各种报道。

公益財団法人渋沢栄一記念財団情報資源センター・ブログ

http://d.hatena.ne.jp/tobira/

櫻格拉姆

日本郵船サイト　http://www.nyk.com/ir/investors/history/
POW研究会サイト　http://www.powresearch.jp/jp/
Ernest Pollard（英文）　http://www.benenden.history.pollardweb.com/
http://erniepollard.jimdo.com/

相关年表

1868　1月,戊辰战争(~1869年5月)。明治政府建立。

1876　上野宽永寺开始种植"染井吉野"(大量种植"染井吉野"的开始)。

1880　10月30日,科林伍德·英格拉姆出生。

1885　7月,因荒川泛滥而进行堤坝改建工程。江北村村长清水谦吾决定在堤坝上种植"染井吉野"以外的里樱品种。

1886　春,船津静作等人在荒川堤种植里樱。

1892　靖国神社植下300棵"染井吉野"。

1900　巴黎世博会。在特设的日本角有关于樱花的介绍。

1902　1月,日英同盟缔结。

　　　9月,21岁的英格拉姆初次访日。

1904　2月,日俄战争爆发(~1905年9月)。

1906　10月,英格拉姆与弗洛伦丝·莱恩结婚。

1907　4月,英格拉姆第二次访日(新婚旅行)。

　　　11月,英格拉姆夫妇的长子艾弗出生。

樱格拉姆

1909　3 月，英格拉姆夫妇的次子默文出生。

1910　东京市向华盛顿赠送樱花，以失败告终。

　　　5～10 月，英日博览会在伦敦举办。

1912　东京市第二次向华盛顿赠送樱花，3000 多棵樱花被种在波托马克河河畔。

1913　8 月，英格拉姆夫妇的小儿子阿拉斯泰尔出生。

1914　7 月，第一次世界大战爆发（～1918 年 11 月）。

1916　3 月，东京帝国大学三好学教授发表德语论文《日本的"山樱"——其野生品种与栽培品种》。20 天后，E. H. 威尔逊在美国出版欧美第一部樱花专著《日本的樱花》。

　　　12 月，英格拉姆因第一次世界大战作为罗盘调节技师被派往法国北部（～1918 年 12 月）。

1917　1 月，英格拉姆夫妇的小女儿塞尔西娅出生。

　　　4 月，樱之会在东京成立。

1919　英格拉姆在博耐顿购入新居格兰奇并举家迁入。

1920　由植物爱好者组建的俱乐部"花园协会"在伦敦成立。

1923　8 月，英日同盟破裂。

　　　9 月，关东大地震。

1924　12 月，英格拉姆的父亲威廉去世。

1925　英格拉姆发表欧洲"樱花词典"第一篇。

　　　10 月，英格拉姆的母亲玛丽去世。

1926　英格拉姆的《里维埃拉的野鸟》（*Birds of Riviera*）

出版。

3~5月，英格拉姆第三次访日（寻樱之旅）。

1929　船津静作去世。英格拉姆发表"樱花词典"第二篇。

1931　9月，"九一八"事变。

1932　英格拉姆的"太白"由京都的佐野藤右卫门嫁接成功，重返故里。

1933　1月，德国希特勒纳粹政权建立。

1936　英格拉姆的《七片海域的岛屿》(*Isles of the Seven Seas*)出版。

1939　9月，第二次世界大战爆发（~1945年8月）。

1940　英格拉姆就任博耐顿乡土卫队指挥官（~1942年）。

5~6月，"敦刻尔克大撤退"。

7~10月，"不列颠空战"。

1941　12月，太平洋战争爆发。日军攻占香港，英格拉姆的小儿子阿拉斯泰尔的未婚妻达夫妮被日军俘虏。

1945　8月，日本投降，达夫妮获得解放，11月回到英国。英格拉姆发表"樱花词典"第三篇。

1947　1月，英格拉姆的小儿子阿拉斯泰尔与达夫妮在伦敦成婚。荒川堤的里樱全军覆没。

1948　英格拉姆的樱花专著《观赏性樱花》出版。

1951　英格拉姆的樱花被种入温莎大公园内的萨维尔花园，初次亮相皇家园林。

1959　英格拉姆当选日本鸟学会名誉会员。

樱格拉姆

1966　英格拉姆的《寻找野鸟》出版。

1970　英格拉姆的《记忆中的庭院》出版。

1971　10 月，昭和天皇战后首次访英。

1974　英格拉姆的《燕子的迁徙》(*The Migration of the Swallow*) 出版。

1975　5 月，小儿子阿拉斯泰尔因病去世。

1978　英格拉姆自费出版《关于野鸟的随想》。

1979　11 月，妻子弗洛伦丝去世。

1980　10 月 30 日，英格拉姆迎来 100 岁生日。

1981　5 月 19 日，英格拉姆去世。

1990　4 月，长子艾弗去世。

1993　英国原日军战俘团体向日本提起要求赔偿的诉讼。

　　　3 月，浅利政俊将 58 种"松前樱"赠予温莎大公园。

　　　11 月，次子默文去世。

2000　3 月，英格拉姆旧邸格兰奇种上浅利的 40 种"松前樱"。

2008　《战地护士》出版。

　　　11 月，达夫妮去世。

　　　安尼克花园种下 50 棵"太白"樱。

2011　5 月，小女儿塞尔西娅去世。

图书在版编目(CIP)数据

樱格拉姆:拯救日本樱花的英国人/(日)阿部菜穗子著;张秀梅译. -- 北京:社会科学文献出版社,2021.8
ISBN 978-7-5201-8276-8

Ⅰ.①樱… Ⅱ.①阿…②张… Ⅲ.①英格拉姆-生平事迹 Ⅳ.①K835.616.3

中国版本图书馆CIP数据核字(2021)第076289号

樱格拉姆
——拯救日本樱花的英国人

著　者 / [日]阿部菜穗子
译　者 / 张秀梅

出 版 人 / 王利民
责任编辑 / 沈　艺

出　　版 / 社会科学文献出版社·甲骨文工作室(分社)
　　　　　(010)59366527
　　　　　地址:北京市北三环中路甲29号院华龙大厦　邮编:100029
　　　　　网址:www.ssap.com.cn
发　　行 / 市场营销中心(010)59367081　59367083
印　　装 / 天津千鹤文化传播有限公司

规　　格 / 开　本:889mm×1194mm　1/32
　　　　　印　张:9.375　插页:1　字　数:162千字
版　　次 / 2021年8月第1版　2021年8月第1次印刷
书　　号 / ISBN 978-7-5201-8276-8
著作权合同
登 记 号 / 图字01-2020-1736号
定　　价 / 59.00元

本书如有印装质量问题,请与读者服务中心(010-59367028)联系

版权所有 翻印必究